そんなの無理だと思っている人の

LEVEL UP

How to Get Focused, Stop Procrastinating, and Upgrade Your Life

【レベル・アップ】

ロブ・ダイアル
Rob Dial
岩下慶一 訳

神経科学・
行動心理学から
脳の癖を知り
「やれる自分」
に生まれ変わる
指南書

本書を我が母に捧げる。
どんなに困難な時でも心の声を聞き、
決して諦めないよう勇気づけてくれてありがとう。
そして何より、
いつも僕のヒーローであり続けてくれることに感謝します。

LEVEL UP ■ もくじ

LEVEL UP

How to Get Focused, Stop Procrastinating, and Upgrade Your Life
by Rob Dial

まえがき

君はもしかして、自分の最悪の敵になってはいないだろうか？

多くの人が「自分には目的がある」と言う。ある人はもっとお金が欲しいと言い、またある人はもっとよい仕事、もっとハッピーな人間関係が欲しいと言う。誰もが良き願いを持ち、人生をよりよくする選択を心がけているけれど、皮肉にも彼らの最大の敵は自分自身だったりする。皆、よりよい自分を目指し、レベルアップしようとしているのに、成功と幸福をゲットするのはほんの一握りだ。

ほとんどの人が自分で自分の邪魔をしているからだ。

そして誰もその理由に気づいていない。

かつて、二四歳の僕はまさにこの状況にはまり込んでいた。当時の僕はトップの成績を誇るセールスマンで、ずっと夢見ていた支店の責任者になっていた。僕は、すべきだと信じていたこと――仕事に浸りきり、金を儲けること――に夢中だった。しばらくの間すべてはうまくいき、収入はかなりのものだった。でも二年連続で週一一〇時間の労働を続けたあと、僕は燃え尽き、どん底に落ち込んだ。その後、会社の起業に全財産を注ぎ込み、二〇一〇年の一〇月までには一文無しになった。

これらの転落をつぶさに体験したはずなのに、僕には自分の行動を変える気力がなかった。しばらくして自己をじっくり分析し、僕の行動の裏には、自分なんて価値がない人間だという思い込みがあることに気づいた。このリミッティング・ビリーフ（自分を制限する思い込み）は、僕の過去に原因がある。僕はアルコール依存症の父の元に育ち、何度も怖い目に遭った。危険がない時にも、父にとって一番大切なのは酒で、僕など取るに足らない存在なのだとつねに感じていた。父は僕が一五の時に亡くなったが、父の依存症が僕に与えた精神的打撃を自覚したのは何年もたってからだった。ずっとあとになって、僕は自分のために成功を追い求めていたのではなく、父から愛されるに足る人間であることを証明するために頑張っていたことに気づいた。だが成功や幸福を追求するには、自分の情熱に触れ、自分が人生に求めているものがはっきりわかっていなくてはならない。

仕事の中で特に好きだったのは、若い従業員をトレーニングして、彼らによい影響を与えることだった。それは最高の気分だった。自分が人の話を聞くことに長けているのは知っていた。僕はずっと心理学者になりたいと思っていたが、営業の仕事の中で最も楽しかった部分は心理学者の仕事と似ていた。僕は稼いだ金を使い果たしたけれど、数年かけて蓄積してきた知識は誰にも奪えない。僕がやってきたことをみんなに話したら彼らも刺激され、同じことができるだろう。

この思いが僕のポッドキャスト「マインドセット・メンター（マインドセットの師）」の誕生につながった。自分が何をしようとしているのかも、この実験が成功するかもわからなかったけれど、そんなことはどうでもよかった。それがバズるか、金が儲かるかも関係なかった。

自分に役立った知識を話すことで人々の助けになればそれでいい。最初は日記みたいな形で始め、自分自身に言うべきことを書いていった。僕は何もかも包み隠さず語った。どんな話題でも取り上げたし、可能な限り自分を曝け出した。人は、自分を守ろうとする感情を捨て去った時だけ癒されることがわかった。最初は簡単じゃなかったし、何度もつまずいたけれど僕は諦めずにやり方を変え、レベルアップしていった。やがてポッドキャストは一三〇〇回を超え、ダウンロードは二億に達した。

今、僕は二つの会社を経営している。一つはビジネス・オーナーに成長と規模拡大の方法を教えるための学校、そしてもう一つはポッドキャストと自己啓発教室を運営する企業、マインドセット・メンターだ。僕のクライアントや視聴者は、ビジネス、恋愛、人間関係、健康、お金、家族関係など、人生の重要な側面で成功するための知恵やツール、方法論を求めている。

数千人をコーチしてわかったのは、ほとんどの人が、自分の目的を達成し成功するために何をすべきか、ちゃんと知っているということだ。目的がダイエットであれ、お金を稼ぐことであれ、よりよい恋愛関係であれ、どうすれば手に入れられるかはみんなわかっている。そういう情報はたくさん転がっていてすぐに手に入る。でも誰もそれを実行しない。なぜか?

スタートを切るための行動の仕方を知らないからだ。

行動することは問題を生むのではなく、問題を解決してくれる。望む人生を得るために行動した結果、さらに問題を抱え込んだという人を僕は知らない。最初にどんな一歩を踏み出すか決め、行動を起こす決意をしないと人生なんて変わらない。これが厳しい現実なんだ。

この本は、自分のポテンシャルに気づいているのにそれを活かせない、世界に影響を与えられない人々のためのものだ。何度かトライして最初は大きく進歩するけれど、しばらくするとモチベーションをキープするのに苦労する、ダイエットもエクササイズも続かず、ビジネスプランも決して具体化しない人のための本だ。

こうした人々は、束の間のいい気分を体験したあと壁にぶつかり意気消沈し、自分の望みを実現するなんて不可能だと思ってしまう。

問題は、ほとんどの人が、簡単に成功のドアを開けてくれる魔法のカギを探していることだ。でもそんなものはない。呪文も存在しない。成功は、いきなりやってきて君の人生を一変させるようなものじゃない。それは、僕が「マイクロアクション」と呼んでいる小さな行動を、日々積み重ねることによってしか実現しない。恋愛事情、預金残高、職務経歴などは、すべて過去のマイクロアクションの結果だ。そして君の未来はこれからの君のマイクロアクションによって決まる。いつもベストを尽くせ、なんて言うつもりはない。昨日よりちょっとだけ進歩すればいいんだ。人と自分を比較しないでほしい。夜ベッドに入る時、その日の朝よりも進歩していることが大事なんだ。今日の自分の行動によって目指す自分に近づくことだ。

ラッキーなことに昨日はすでに過去だ。そして君は、「今は苦しくても後で楽になる人生」と、「今は楽でも後で苦しくなる人生」のどちらかを選択できる。正しい選択をしよう。壁にぶち当たったり、傷つきあざを作ることのない人生なんてあり得ない。困難に挑戦するのは精神的にも肉体的にもきつい。だが知っておいてほしい、痛みは成長促進剤だ。ジムで筋肉を痛めつけるとより強くなるのと同じだ。

成長と変化を求めるなら、苦痛に打ち勝ってコンフォートゾーン（自分が心地よく感じる心の領域）を出なくてはならない。秘訣は、自分に選択権を与えないことだ。

孫子は『兵法』の中で、「敵国に攻め入ったら、乗ってきた船、渡った橋を燃やしてしまえ」と説いた。逃げるという選択がなければ、兵士は死に物狂いで戦うからだ。このテクニックはアレクサンダー大王やアステカの征服者エルナン・コルテスなど、力を出しきることの大切さを熟知していた多くの軍人が使っている。君も同じことをやるべきだ。「全力を尽くす」んだ！

さて、いよいよ飛び立つ気になったら、君が今まで行動を起こさなかった理由をはっきりさせ、滑走路を確認しよう。君を押しとどめていたものの正体がわかったらそれを取りのけ、自分を成功に導いてくれるマイクロアクション、ルーティーン＝儀式、習慣を実行しよう。

脳科学を理解しておくことも大切だ。驚くことに、君が行動を開始すると脳は変化し始める。脳には「神経可塑性」と呼ばれる、神経細胞を構築・再構築して順応していく機能がある。そしてこの新しい神経の結びつきのおかげで君が始めた物事は少しずつ簡単になっていき、変化が定着する。

僕は行動には六つのステップがあることを発見した。目標を追求する時にこのステップを実行すれば、よい結果が出せるだろう。

六つのステップ

1　集中する

2　行動する
3　継続する
4　休憩する
5　自分にほうびをやる
6　ステップを繰り返す

一つ一つのステップをこれから見ていき、最後に総括しよう。

僕は試行錯誤の末、うまくいく方法を見つけた。だが、自分の体験的な証拠だけを積み上げるつもりはない。本書で紹介するのは、僕が指導した、君が直面しているのと同じ問題を抱えている人々の体験談だ。一番多いのはダイエット、運動、お金、ビジネス、そしてパートナーとの人間関係などだ。これらが主な例になるが、使われる手法は君が抱えるどんな問題にも、達成したいどんな目的にも有効だ。本書で紹介する方法を日常生活に取り入れるためのコツはもちろん、僕のポッドキャストでインタビューした専門家から学んだ科学的裏づけも紹介する。これらを理解するには今までの考え方を大きく変えなくてはならない。脳科学の知識も自己変革の助けになるだろう。だがこれは結構難しいテーマだ。

作家であり講演者であるトニー・ロビンズは、ポッドキャストに出演した時こう言った。「複雑さは行動の敵だ」。なので僕はできるだけ率直でシンプルに書く。また各章の最後に「ノートに書き出してみよう」という欄をつけた。書くことは君の理解を深め、背中を押してくれるだろう。また、自分がどのくらい変わったかも実感できるはずだ。別のガイドラインやビデオレッスンが見たければ、RobDial.com/LevelUpに行ってほしい。

人生はシンプルだ。目的を達成するか、しないかだ。そしてこれを分けるのは、目標達成に必要な行動をするか、しないかだ。これこそが、皆が探しているミッシングリンク（発見されていないもの）なんだ。本書は、シンプルで段階を踏んだプランを提示し、日々行なうべき行動を示す。君は望む人生を創造できるはずだ。これがレベルアップの秘訣だ。先送りする必要なんてない。君は今、この手法を実行できる。さあ、今すぐやろうじゃないか！

……この章のポイント……

◎成功は、僕が「マイクロアクション」と呼んでいる小さな行動を、日々積み重ねることによって実現する。
◎人生はとてもシンプルだ。目的を達成するか、しないかだ。

PART 1

なぜ行動を起こせないのか

まず、君を行動から押しとどめているものを克服しなければ、望む人生を創造するための戦略も役立たずだ。PART1では君のエンジンを点検し、強い意思と最大限の努力にもかかわらず行動できない、あるいは行動しても長続きしない原因を突きとめる。

たいていは次の三つ、

「恐れ」

「君が自分に言い聞かせている物語がまずい」

「はっきりした目的がない」

のどれかだ。

まず第一歩として恐れの性質と、君が抱く恐れがいかに現実的でないかを理解しよう。これは第1章で探究する。やりたいことはあるけれど、自分にはできないと考えてしまう。失敗が恐い。自分にはまだそれだけの力がないと思っている。人にどう思われるかが気になるのかもしれない。結局、君はまだ起こっていない未来を恐れ、いちばん安全な行動、「何もしないこと」を選ぶ。スタートもしていないのにレースを投げているわけだ。

でも、これらの恐れに実体がないのがわかると、コンフォートゾーンから一歩踏み出せる。そして本当の変化が起こせるんだ。

次のステップは、いつも心の奥底でつぶやかれている物語と向き合うことだ。これは第2章で見ていく。皆、ふだんはこうした物語が存在することさえ気づかない。だが過去の君の経験は脳に蓄積され、君が信じる「君の物語」ができていく。こうして君の性格が形成され、それはアイデンティティとなり、自分がすべきこと、すべきでないことを決定する。だがその性格は君が作り上げた物語で、真実じゃない。なので君はいつでもそれを変えられる。方法はこれから伝授しよう。君はこれ以上自分の性格に縛られなくなるだろう。

一度恐れの正体を見極め、脳が作り上げた物語を書き換えたら、次にすることは君の望みをはっきりさせることだ。これは第3章で掘り下げる。多くの人と同様、君はまだぼんやりとした目標しか持っていないだろう。それはダイエットかもしれないし、金儲けかもしれない。だが、正確なところは何なのだろう？　的が見えなければそれを射ることはできない。望みの詳細をはっきりさせよう。目的が明確になれば、君は望む未来に引っ張られていくだろう。視覚化（ビジュライゼーション）も忘れてはいけない。これは第4章で扱う。視覚化によって目的がよりはっきりするだろう。ここまで来たら準備はＯＫだ。だが、まずは最初の一歩から始めよう。

君は何を恐れている？

第1章
恐れ——それは何一つ現実ではない

僕はクモを恐怖している。原因は姉のせいだ。

一九九〇年に『アラクノフォビア』というホラーコメディー映画が公開された。主演はジョン・グッドマンとジェフ・ダニエルズ。とても危険な珍種のクモに乗っ取られた小さな町の物語だ。姉は五歳の僕に映画の内容を生々しく語って聞かせ、僕は恐怖のどん底に突き落とされた。特に二つのシーンが恐かった。まず火のついたクモが人間を追いかけ回すシーン。これ以上恐ろしい光景は想像できなかったが、もう一つの描写はもっとすごかった。登場人物の一人がトイレの便器に座り、中にいたクモが這い上がってくるシーン。その後三年間、僕はトイレに腰掛ける前に便器を厳重にチェックしたものだ。僕は今でもクモを見ると震え上がってしまう。なぜこんなことになったんだろう?

クモに対する僕の恐怖は僕のものではなかった。そもそも映画を観てすらいなかったのだから。僕にこの恐怖を植えつけたのは姉だ。こんなにも強力な恐怖が他人によってもたらされるなら、過去にいったいどれくらいの恐怖を友人、家族、そして社会から押しつけられてきたのだろう? 答え。

「ほとんどの恐怖が誰かに刷り込まれたもの」だ。

恐怖とは本来自然なもの、何かに用心しなければならない時にそれを教えてくれるものだが、すべての恐怖がそうだというわけじゃない。では、注意を向けるべき恐怖はどうやって見分ければよいのだろう?

◆恐怖は行動の邪魔をする

僕は心理学者はもちろん、宗教の指導者から神経生物学者まであらゆる人々に会い、恐怖について徹底的に調べた。そして驚きの結果にたどり着いた。人間が生まれ持った恐怖はたった二つしかない。

1 落下の恐怖

2 大きな音の恐怖

脳の回路に組み込まれている恐怖はこの二つだけで、これらは生まれた直後から発動する。

一九六〇年、コーネル大学のエレノア・J・ギブソンとリチャード・D・ウォークは六カ月から一四カ月の赤ん坊を対象に、「視覚的断崖」と呼ばれる実験を行なった[1]。下が断崖のように見える厚いガラス板を用意し、反対側にいる母親が赤ん坊を呼ぶ。いくら呼んでも子供はガラス板の上を這い進んでこない。つまり幼児にさえ、落ちるのを恐れる本能があるということだ。また、大きな音に対する恐怖、いわゆる「聴覚性驚愕反射」というのもある。これも、僕たちを危険から守るための警告・

防御機能だ。[2]

これら二つの恐怖は、どんな文化に生まれようと、すべての人間が生まれながらに持っているものだ。一方で、恐怖は学習される行動でもある、ということはなぜわかるのか？

一九一九年、ジョンズ・ホプキンス大学のジョン・B・ワトソンとロザリー・レイナーは「アルバート坊やの実験」を行なった。生後九カ月のアルバート君はシロネズミを含むさまざまな動物や物体にさらされた。アルバート君は恐怖の感情を示さなかった。二カ月後、研究者たちはアルバート君とシロネズミだけにし、アルバート君がネズミに触ろうとすると鉄板をハンマーで叩いて大きな音を出し、その度に彼は恐がって泣きだした。研究者たちがこれを繰り返したら、アルバート君はついにネズミを見ただけで震え上がるようになった。はじめはネズミを恐れていなかったのに、最後には恐怖の象徴になったのだ。この実験は非人道的だと批判されたが、恐怖はいかに学習されるかという研究の端緒を開いた。

人間が生まれながらに持つ恐怖が「落下」と「大きな音」だけだとすると、他の恐怖はすべて学習されたものということになる。それらは環境によるもので、僕たちが友人や家族から見聞きしたり、自分を取り巻く社会で起こった出来事を吸収した結果だ。君の両親が人々からジャッジされることを恐れていたら、君も同じように他人のジャッジを怖がるようになりやすい。

僕は長い間、恐怖の本質と、それがどれほど行動の邪魔をしているかをクライアントと話し合ってきた。そこには決まったパターンがあり、人々が行動を起こせなくなる原因はだいたい五つの恐怖が原因であることに気づいた。ほとんどすべての恐れはこれら五つのどれかの別バージョンだ。

1　失敗への恐れ：これは、目的を達成できないことへの恐怖だ。これによって人は優柔不断になり、決定を先送りしてしまう。人々の期待を避けようとするあまり、「自分は失敗するかもしれない」と公言しさえする。いわゆる失敗恐怖というものだ。

2　拒否される恐怖：これは人々に「ノー」と言われる、拒絶されることへの恐怖だ。個人的なこと（恋愛など）もあれば仕事の上での拒否もある。つまり他人の意見や判断に対する恐れだ。社会不安などもこれに当てはまる。

3　成功への恐怖：望むものを得てしまうことへの恐怖。心の奥に変化への恐れがあり、自己破壊的な行動として現れることもある。成功への恐れは「反発の忌避（backlash avoidance）」（人々からの批判などを避ける行為）とも呼ばれ、君を周囲の大切な人々から遠ざけてしまうこともある。

4　化けの皮がはがれる恐怖（インポスター症候群）：自分に実力がないと思い込み、偽物であることがばれてしまうことへの恐怖。

5　見捨てられることへの恐怖：一人ぼっちになってしまう恐怖。仲のよい人々を遠ざけてしまう行為や発言をすることへの恐怖。これは「孤独恐怖」と呼ばれる。

これらの恐れの元をたどれば、たった一つの恐怖に行き着く。

「自分は不十分な人間だ。だから愛される資格がない」

忙しくなることが恐いなら、自分には状況をコントロールする能力がないと思っていることに気づこう。親として子供に悪い影響を与えてしまうことを恐れている場合、根底に自分はよい親ではないという恐怖があるのかもしれない。金銭的な不安があって夜眠れないのは、自分や家族に十分なことがしてやれないのでは、という恐怖のせいかもしれない。例を挙げればキリがない。結局僕たちは、周囲とうまくやり、受け入れられたいんだ。愛されていると思いたい。こうした恐れは、「自分は人に愛される価値のある人間だ」と感じられないことが原因だ。

君を行動から押しとどめている最大の恐怖は何だろう？　答えを探るためには、まず恐怖とは何かを理解する必要がある。

◆二つの恐れ

恐れの本質は防衛機能だ。これは脳の中で恐れを司る部位、扁桃体に由来する。二〇〇万年前から、扁桃体は人間に未来への不安を持たせることで、野生動物に食われる危険から遠ざけてきた。おかげで僕たちは危ない状況を避けることができたのだ。

その後の二〇〇万年で僕たちを取り巻く状況は変わったが、脳はまったく変化していない。天気のよい日、コーヒーを飲みながら幸福感に浸っている時、突然、不安が湧き上がってきたことはないだろうか？　あまりに物事がうまく行きすぎているので、脳が君を守るために喝を入れたのだ。そう！　脳はこんなことをするんだ。平和な状況では扁桃体は何もすることがないので、実際の危険がない時でも恐れの感情を生み出してしまう。それは与えられた目的を果たしているに過ぎないのだが、現代の世界では、これが願望の実現を邪魔してしまう。このことに気づけば僕らはこうした恐れを克服できる。まず、すべての恐れは二つのカテゴリーに収まることを理解しよう。「根源的恐怖（primal fear）」と「知性的恐怖（intellectual fear）」だ。

根源的恐怖は肉体的苦痛や死を予期することで起こる。こうした恐怖は現代ではあまり現実的ではないが、今でも僕らは時々味わう。

キャンプに出かけた君は、夜中にトイレに行きたくなり、安全なキャンプ場の外に出なければならなくなった。この時、押し寄せてくる恐怖はまさに根源的恐怖だ。それは潜在的な危険（クマが出るなど）を知らせ、君の命を守ろうとする。でも現代の日常生活において、死はかつてほど身の回りに転がっているものじゃない。僕たちは食物や衣服、雨風をしのぐ家屋、そして気づかってくれる仲間に囲まれている。家の中は安全で、長いこと生存できる。

けれども肉体的な危険がない時でさえ、扁桃体は役目を果たそうとする。これが、僕らの中に「第二の恐怖」が生まれてしまう原因だ。知性的恐怖は肉体的苦痛や死とは直結しないにもかかわらず、扁桃体は現代でもそこらじゅうに「捕食動物」を見出してしまう。それはライオンやワニ、クマではなく、失敗、拒否、成功への恐れや、偽物と思われたり見捨てられたりすることへの恐怖だ。僕たちは、自分は良き人間か、十分に賢く魅力的かを思い悩む。人にどう思われるか、こちらの要求に対してノーと言われないかびくびくし、人に好かれるか、人とうまくやれるか心配する。でもこれらの恐れは肉体的苦痛や死とは関係ない。拒否されたからといってそれが原因で死ぬことはない。だがそれが拒否だろうと生き残りに関連することだろうと、脳と体は根源的恐怖と知性的恐怖の区別をせず、同じ反応をしてしまう。

二つの恐れは同じ感情を引き起こす。根源的恐怖にはちゃんとした役割があり理にかなっているが、知性的恐怖はそうじゃない。でも扁桃体は違いを認識できない。

何でもネガティブに考えるのが脳のデフォルトだ。脳は根源的恐怖と知性的恐怖の区別ができない。僕たちは自分で何とかしなければならないんだ。恐れに気づくことは筋トレのようなものだ。やればやるほど恐怖を根絶やしにできる。恐れがどこから来たか見極め、それが自分のものでないことを認め、解放してやるんだ。ここで、君の考え方を変えるうまいやり方を紹介しよう。

◆恐れを追い払おうとするな——優しく抱きしめてやろう

クライアントたちがよく口にするのは「どうやって恐れを追い払えばいいんですか？」という質問だ。気持ちはわかる。恐れを克服する方法は僕だって知りたい。だが答えは、「存在しないものは追い払えない」なのだ。そう、どんな恐怖も現実には存在しない。信じられない？　世に流布している恐れのリストを見て、自分の体験に照らし合わせてみよう。今この瞬間にこれらの不安が現実になっているだろうか？　答えはノーだ。

作家でありコンサルタントでもあるカール・アルブレヒトは恐れを「想像上の出来事や経験からくる予期が作り出す不安な気分」と定義している。[3]カギは「想像上の」という部分だ。恐れの感情は、現実ではなく僕たちの思考が生み出す生体反応なんだ。

僕たちはありもしない未来を心の中に作り上げる。しかもその未来はたいていネガティブときている。そうやって自分を守ろうとしているんだ。君が立ち上げたビジネスは失敗するだろうか？　確かにすべてのビジネスが成功するわけじゃない。また、成功した会社も挫折を味わうことは多い。でも肝心なのは、想像上の未来ではなく、現在に集中することだ。今現在、君のビジネスは失敗していない。今、心配することは何もない。

多くの人が成功することを恐れる。成功を望む野心的な人々でさえ。

僕のクライアントに、信仰心の厚い中産階級が多く住む小さな町で育った人がいた。彼の知人のほとんどは教師か農業従事者で、年収は六万ドル以下だった。成長するにつれ、彼は自分が大きく成功して大金を稼いだら、町の人々の見る目が変わり、仲間はずれにされるのでは、という恐れを抱いた。いわゆる不適応への恐怖、見捨てられる恐怖の別バージョンだ。

これはよくある恐れだ。部族的存在である僕らは孤独を嫌う。常に仲間に溶け込み受け入れられたい。かつて、群れから追い出されることは確実に死をもたらした。生まれた場所にそぐわない人間になったら仲間はずれになり、敵視されるのではないかと考えるのも無理はない。だが僕は自信を持って言う。成功して億万長者になったあと、「昔の友達に嫌われたよ」と言う人には会ったためしがない。

コーネル大学の研究によると、僕たちが心配することの八五パーセントは起こらないらしい。実際起こった一五パーセントにしても、実験に協力した人々の七九パーセントはうまく乗りきり、思っていたような悪い結果にはならなかったという。中には貴重な学びの機会だったと考える人さえいた。つまり、心配ごとの九七パーセントは問題にはならないんだ。(4)

恐れのほとんどは悲観的な物の見方が生み出すもので、しっかりした根拠はない。行動して何かを生み出せる貴重なメンタルエネルギーを、無意味な心配に費やしてしまうなんて馬鹿馬鹿しいと思わ

No!

85%は
SAFE
Welcome

ないか?

僕たち人間は、とても複雑で素晴らしい想像力を持っている。だがそれは、上手にコントロールしないと暴走し、多くの恐れを生み出してしまう。恐れはコントロールできる。だがそのためには、恐れの多くが実体のない魔物であることを理解する必要がある。事実とかけ離れた状況や、未来に起こるかもしれない出来事を想像することにかけては僕たちは天才だ。そして、そうしたありもしない未来に脅かされている。これはあまりにも馬鹿げてる。

もし君が心配性だったり、いつもネガティブなことに目がいってしまうなら、早くそこから抜け出そう。

僕の師の一人は、後悔することと、人生の終わりに時間を無駄にしたことに気づくことより悪いことはない、と教えてくれた。これは僕の心に刺さった。父がアルコール依存症で死んだ時、僕は失敗や見捨てられること、自分の能力不足を心配することをやめた。代わりに、晩年になって時間がないことに気づき、自分の可能性を無駄にしたと後悔することを恐れるようになった。こうした心配は、行動を起こす時に背中を押してくれた。君にもおすすめする。

人生の終わりに「もっといろいろできたのに」と思うことこそを恐れよう。この恐怖は君を望む未来に導いてくれる。恐れは強力だ。恐れを歓迎し、自分の味方として利用しよう。

◆君はどんな苦痛を避けようとしているのか?

このテーマについて考えている時、僕は一つの気づきを得た。すぐさま流していた音楽を止め、集中の邪魔になるものを排除した。「すべての恐怖は、脳内で生み出される未来の苦痛のイメージが引き起こしている」ことに気づいたんだ。

根源的恐怖の苦痛は、肉体的な痛みや死だ。一方、知性的恐怖の苦痛は、感情的な痛みだ。次に言うことはとんでもなく重要だ。

それは、「すべての恐怖は未来の苦痛を避けようとする脳の働き」だ。君の感じている恐れは、どんな未来の苦痛から君を遠ざけようとしているのだろうか？

クライアントに、なぜすぐ行動をしないのか尋ねると、たいていこんな答えが返ってくる。「ちょっと予定を延ばしてるんですよ」。そうかもしれない。しかし、皆がわかっていないのは、先送りは行動を起こせない原因ではなくて〝症状〟だということだ。本当の原因は、行動を避けて恐れから逃げようとしていることだ。起業でもエクササイズの習慣でも、目標を実現するための行動を先送りする人は、無意識に（時には意識的に）失敗を恐れている。

こうした恐れが厄介なのは、それらが君の行動を抑え込むからだ。知性的恐怖は君の感情を変える。そして君の感情、つまり気分が上がらないと行動を起こすのは難しくなる。失敗を恐れて起業やビジネス拡大の行動ができないのは、君が恐れに囚われているからだ。何も起こっていないのにビジネスが失敗した時の感情を体験しているのだ。未来の苦痛を感じている時に行動などできるわけがない。痛みを避けるために恐れが行動を遠ざけているのだ。

数万年前、僕たちがまだ洞窟で暮らしていた頃、恐れは生き延びるための防御システムだった。夜中に洞穴から外に出れば野生動物に食われるとわかっていたら、日の出までは出かけないようにするだろう。

恐れはとても重要な働きをしていたわけだが、能力をフルに発揮したい現代の僕たちにはどのくらい役立つだろうか？　まったく役立たずと言わざるを得ない。望まない未来への恐れはネガティブなエネルギーしか生み出さない。僕たちは行動しなくなる。誰だってひどい未来なんか望まないからだ。

多くの人が知らないのは、人生をそんなふうに生きる必要はないってことだ。ビクビクしたり怒ったり、不安、悲しみ、心配などのネガティブな感情に囚われて生きるには人生は短すぎる。だが人々は、脳はコンクリートの塊のごとく頑なだと思い込んでいる。彼らの脳にはさまざまな恐れや思考が染み込んでおり、今までの自分は未来永劫変わらないと信じている。だがそれは嘘っぱちだ。脳はコントロールでき、デフォルト状態のネガティブ思考も乗り越えられる。その方法はＰＡＲＴ３で説明しよう。

◆現実と想像の恐れを見分けよう

けれど、これは言うは易しで、それほど簡単じゃない。僕がよく使う喩えに、「瓶の中に囚われている時はラベルは見えない」というのがある。脳に囚われていては、自分がなぜそう感じるのか、なぜそう行動するかはわからない。頭の外に出て、自分を赤の他人のように観察し、なぜこの人物がそのように感じているのかを見てみよう。なぜ彼は行動を起こさないのだろう？　彼が恐れているのは何なんだろう？　自分を騙し、知性的恐怖の言いなりになるのは簡単だ。それらはとてもリアルに感じられるからだ。すごく強力で、僕らは凍りついてしまう。それでも僕たちは恐れの正体を見極めなければならない。それは幻だ！　幻の恐怖に、望む未来への行動を邪魔されてもいいのか？

現実と想像の恐れを見分けるのは僕たちの仕事だ。自分の感情を完全に認識する方法を知ろう。心を深く観察すればするほど、望まないことを想像するのに長い時間を費やし、望むことに考えを向ける時間がいかに少ないかに気づくだろう。信じられないかもしれないが、君は思考を選択できる。

君は、どのくらい頻繁にネガティブな未来についての思考を選択しているだろう？

すべての思考は脳内に化学反応を引き起こし、思考は感情を作り出す。僕たちは皆これを体験している。性的な考えが起こると、肉体にはそうした感情が起こる。未来について考える時も、君の思考通りの感情が湧き起こる。だったら意識してよい未来を考えよう。自分が成功し、ハイな気分でいる未来を思い浮かべる。子育てに失敗した未来ではなく、子供たちが立派に成長した姿を想像する。新しいビジネスがうまくいかない状態を思い浮かべる代わりに、そのエネルギーを使って成功のためにすべきことを考えよう。

もっといいのは、成功したらどんな気分になれるかを思い描くことだ。

想像してみよう。君はバスルームに行きたい。だがバスタブにはライオンが居座っている。君はバスルームに行くために必要な行動を起こせない。このまま動かなければ安全だ。バスルームは危険だ。そこにライオンがいると思っている君は、ここに留まるためにできることをすべてやる——つらい未来を想像するのはこれと同じことだ。脳は根源的恐怖と知性的恐怖の区別ができないため、君は現実ではないそれらの未来をリアルに感じ、あらゆる失敗の可能性を恐れ、未来に向かって歩もうとしない。もし僕が、ドアの外にはピザやワイン、可愛い子犬、ほかにもたくさん君が好きなものがあるよ、と言ったら、君はダッシュで外に飛び出すだろう。ポジティブな未来を想像することには同じ効果がある。これについては第4章で深掘りしよう。だが二つの態度の違いは忘れないでほしい。

脳は、知性的恐怖が現実に起こっているかのように感じさせる化学物質を作り出すが、未来の成功が今起こっていることのように感じる化学物質も生成する。思考は感情を生み出す。そしてその感情は君の背中を押したり引き戻したりする。行動することは最初は難しいがやればやるほど簡単になっていく。要は練習だ。恐れが弱くなれば行動は容易い。だが恐れと戦おうとすると、それはますます強くなる。

恐れは君を未来の苦痛から遠ざけるためのものなのに、君は未来の痛みを想像してしまい、行動を起こせなくなる。これはいわゆる自己成就的予言となる。君が行動を起こさないなら、将来必ず苦痛を感じるからだ。脅かしているわけじゃない。正直に言っているだけだ。何事にも代償がついてまわる。行動を起こさなかった君は、そのツケを支払う羽目になる。それは、自分の可能性を無駄にしたこと、心の声に従わなかったこと、子供にチャンスを与えてやれなかったこと、あるいはいよいよ天国に召される時に、自分の人生が無意味だったと気づくことかもしれない。それがわかった時にはもう手遅れだ。

痛みを避ける唯一の方法は、望む未来のための行動を今すぐ起こすことだ。ひどい目に遭う？　遭うだろう。苦労しそう？　するだろう。失敗するかも？　それもあり得る。だが挑戦する価値はある。

◆恐れの効用

恐れには、誰でも受けられる恩恵がある。今まで見てきたように、恐怖とは、僕たちの身体に現れる物理的な反応であり、僕たちをコンフォートゾーンに閉じ込めようとする（たいていの場合）誤った試みだ。そして、行動を起こしたい時、コンフォートゾーンほどまずい場所はない。そこにいては君は成長できない。これに気づきさえすれば、君は少しずつコンフォートゾーンの外に出て進化できる。俳優のウィル・スミスは言う。「神は人生最高の果実を恐れの向こう側に置いたのだ」。君が真に望む人生、なりたいと思う人間は、恐れを乗り越えた所にある。

もっともやってはいけないのは、恐れが消えるのを待ってから行動しようとすることだ。恐れが消え去ることは絶対にない。かつて伝説的な総合格闘家、ジョルジュ・サンピエールをポッドキャストに呼んだ時、彼は、一番恐怖を感じるのは試合開始前だと告白してくれた。恐怖は彼がオクタゴン（総合格闘技のリング）に上がるまで消えない。もし彼がその恐怖に屈していたら、一つの試合にも出場できなかっただろう。本能的な恐怖に打ち勝ってコンフォートゾーンの外に出たからこそ、彼は総合格闘技のアイコンになったんだ。

本当の成長は、恐れを感じながらも決然とそれを行なうことで起こる。二〇一八年にエール大学の研究者が行なった研究によれば、成長は不確実の中からしか生まれないという。[5] 物事が予測可能で安定している時、脳は学習しない。恐れが消え失せ、自分が信じられるようになるまで行動を先送りする必要はない。ただ恐れに立ち向かう。それ以外に自分の脳や人生を変える方法はない。岩棚から飛び降りないとパラシュートは開かない。パラシュートが開くことを信じて飛び降りるしかない。

それが簡単ではないことは確かだ。脳は変化が大嫌いで、もっとも抵抗の少ないルートを選ぼうとする。行動しようとする君に戦いを仕掛け、君をコンフォートゾーンに引き戻そうとしてあらゆる言葉で説得する。それはちょっとしたこと（目覚ましのボタンを押して眠りに戻る、など）の時もあれば、もっと重大な人生の決定のこともある（起業なんてやめとけよ、そんな能力ないしどうせうまくいかないよ、など）。いずれにしても、脳と交渉して解決できることじゃない。恐れを乗り越えるには行動しかない。君はひたすら努力するしかないんだ。

心して聞いてほしい。まず悪い話からいこう。君の脳を書き換える手っ取り早い方法はない。それは時間のかかる作業だ。これについてはＰＡＲＴ３で詳しく説明する。

次はよい話だ。プロセスというものは小さなステップからできている。そして一つのステップだけを実行するのはわりと簡単だ。君が結果を出しやすいように、この手順をいくつかのマイクロアクションに分ける。脳を変えるには集中力としつこいほどの繰り返しが必要だ。だが恐れに第一歩を踏み出す邪魔をさせなければ、それは必ず変わる。

君の感じている恐怖、そして頭の中に響く声は、望む人生を作り出すために乗り越えるべきものを明確に見せてくれる。ビビって本能的に腰が引けそうになったら、ぐっとこらえて立ち向かおう。強引に進む必要はない。恐れを感じるたびに、ちょっとだけでも自分をコンフォートゾーンから押し出せれば、恐怖に対する耐性ができていく。恐れは君がコンフォートゾーンの境界まで来ているのを知らせてくれる。それは君が成長のために乗り越えるべきものを教えている。十分やりきれば、やがて君のコンフォートゾーンはずっと大きくなって、今の君が恐れていることでも、躊躇なくできる日が

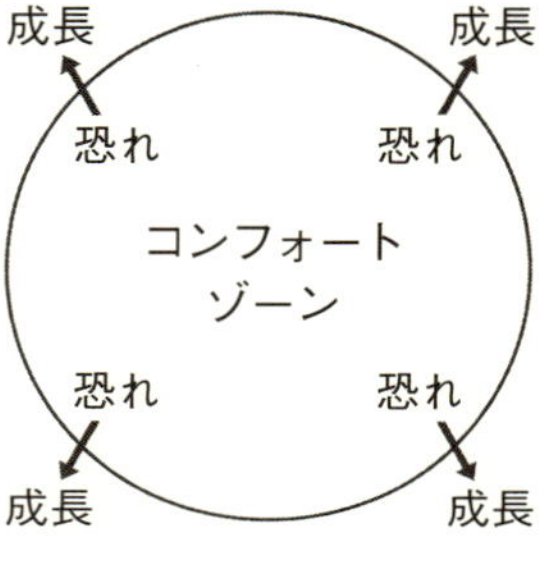

来る。僕の最初の師匠の一人はこう言った。「心というのはポリ袋のようなものだ。一度膨らませてしまえばもとのサイズに戻ることはない」。コンフォートゾーンも同じことだ。だが、それには努力が必要だ。

君は今までの人生でずっとこれをやってきた。それは赤ん坊の頃の歩く練習から始まった。最初は一歩を踏み出すことも大変だったが、やがて走れるようになり、遊び場の遊具をよじ登れるまでになった。成長するにつれて、スポーツに挑戦したり、授業に出たり、誰かをデートに誘ったりと、さまざまな緊張の場面が現れる。だが一度乗り越えてしまえば恐れは消え去り、君は人間として成長していく。どんなことでも最初は手強く思えるが、やり遂げてしまえば、自分のしたことを振り返って驚嘆するだろう。

他人が難しいと思うことでも君はやる。それもコンフォートゾーンを広げた結果だ。こうして君は他の人に一歩先んじることができる。目標を達成したいなら、長期戦を覚悟した方がいいだろう。だが幸いなことにそれは可能だ。そしてすべては君の選択次第だ。

「今日、僕は他人がやらないことをする。やがて僕は誰にもできないことができるようになる」

殿堂入りしたアメフトのワイドレシーバー、ジェリー・ライスの言葉だ。コンフォートゾーンを乗り越えると何が起こるかを見事に表しているではないか！

自分の恐れを分析すると、ほとんどが知性的恐怖だとわかるだろう。今、君を脅かすものなど一つもない。君が恐れているのは、今ここに存在しない未来だ。恐れは強力だ。ならばコンフォートゾーンの外、恐れの向こう側にある自由を信じよう。自分の中にある恐怖におびえ、能力を発揮できなくなるのではなく、恐怖の正体を知って君の成長に利用しよう。

どこから手をつけていいかわからない場合は、ノートにこれらの質問の答えを書き出すことから始めよう。焦る必要はない。ゆっくりやろう。

この章のポイント

◎恐れは防衛機能だ。
◎心配ごとの九七パーセントは問題にはならない。
◎すべての恐怖は脳内で生み出される未来の苦痛のイメージが引き起こしている。すべての恐怖は未来の苦痛を避けようとする脳の働きだ。
◎ビクビクしたり怒ったり、不安、悲しみ、心配などのネガティブな感情に囚われて生きるには人生は短すぎる。
◎行動を起こさなければ、君はいつかツケを支払う羽目になる。
◎恐れは君がコンフォートゾーンの境界まで来ているのを知らせてくれる。それは君が成長するために乗り越えるべきものを教えてくれているんだ。

【ノートに書き出してみよう】

・君の恐れをリストにしてみよう。そしてそれがどこで植えつけられたかも書こう。

・それぞれの恐れについて、君が予期する心の痛みを書こう。自分に正直に、その恐れが現実か、想像の産物かも記してみよう。

・恐れは、望む人生を実現するための行動からどのように君を遠ざけているだろうか？

・どうすれば恐れを解放し、望む未来を実現する行動が起こせるだろうか？

・恐れの捉え方を変え、自分に有利に働かせる方法を書き出そう。

＊https://robdial.com/levelup/も参照してみよう。

第2章
アイデンティティ――君は自分で考えているような人間ではない

「ジムとアンディー　グレート・ビヨンド」という素晴らしいドキュメンタリーがある。映画『マン・オン・ザ・ムーン』を撮影中の俳優ジム・キャリーが、コメディアン、アンディー・カウフマンに変貌していく姿をなまなましく捉えた作品だ。カウフマンは人々の想像力をはるかに超えたパフォーマンスによって記憶されている人物だ。超えた、というより突き破ったと言うべきだろう。メソッドアクター（精神的にその人物になりきってしまうことで迫真の演技をする技法）であるキャリーは、四カ月の撮影期間中完全にカウフマンになりきった。カメラが回っていない時はもちろん、セットを離れた時でも、カウフマンであることに全身全霊を傾けた。かつてテレビショー「タクシー」でカウフマンと共演した俳優たちは、キャリーはカウフマンそのものだと舌を巻いた。

撮影が終わった時、キャリーは「自分が何者かわからなくなってしまった」と述懐している。自分が誰だったか、何を信じていたか、どんなことで幸せや怒りを感じたか、完全に忘れてしまったという。

「で、ふと気づいたんだ。おい、自分という存在がこうも簡単になくなっちまうなら、ジム・キャリーっていうのは何者なんだ？」

彼の魂の目覚めが始まった。それまで信じていた自分という枠組みから飛び出たからこそ、キャリーはアイデンティティを変えることができた。彼は自分を失った。そしてこの体験を徹底的に深掘りし、ジム・キャリーというのは彼が演じている人格の一つに過ぎないことを悟った。これは素晴らしい気づきだ。

種が花を咲かせるには、まず自分を壊さなくてはならない。花が咲ききった時、もとの種はかけらも残っていない。僕は映画『ハニーボーイ』（主演・脚本＝シャイア・ラブーフ）でこの言葉に触れてえらく感動した。人は壁を打ち破るために何かを壊す必要がある。自分を変えたければ、君の一部が死ぬ必要がある。それはまず、君が演じている自分というキャラを殺すことだ。僕たちは皆、キャラを演じているのだ。

テレビゲームをする時、まず第1ステージから始めてゲームの感触をつかむだろう。君は成長の苦しみを味わう。悪戦苦闘する。何度も死ぬ。何回も失敗しながら徐々にうまくなり、何とか第1ステージをクリアして君は満足感にひたる。だが同じステージをもう一度プレイしようとは思わないだろう。そんなことをしても退屈なだけだ。君はエキサイトしながら第2ステージに進む。そこには新しい挑戦が待ち構えている。人生も同じだ。好むと好まざるとにかかわらず、君は新しいチャレンジを強いられ、学び、成長し、変化していくんだ。

悲劇的なことは別として、人生における困難は、それをきっかけと捉えることで意義あるものにできることを僕は学んだ。

初めて「スターティングビジネス」というテレビゲームをした時、最初は目も当てられない出来だった。ビジネスは失敗し、僕は何度も挑戦した。二回目は少しうまくなったがまだダメだった。だが三回目には何をすべきかわかってきて、それまでの二回でたくわえた知識でビジネスを成功させた。僕は困難を克服し、次のレベルに進んだ。

考えてみてほしい。主人公キャラが一日中ソファに寝そべってインスタグラムをスクロールしているだけのゲームがあったらどんなに退屈だろう？　そんなものは誰もやらない。何の挑戦もないからだ。だがそれが、多くの人が実人生で選んでいるキャラなんだ。僕らは皆、何年もかけて自分のキャラを作り上げてきた。朝、目覚めた時、人は無意識にそれを演じることを決めている。君が選んだ君のアイデンティティ、君が自分だと思っているものだ。そしてそれは恐怖の次に、君を行動から押し留めている原因でもある。このおかげで僕らは真実ではない物語を容易に信じてしまう。僕らのアイデンティティ、僕らが大切にしているキャラクターは、昨日までの考え方に僕らを縛りつける。そして僕らはレベル・アップできない。

もし今のキャラではなく挑戦を愛するキャラを演じたら、そしてそのキャラが目標を達成する行動をしたら、どうなるだろう？　君はずっと賢くなる。強くなる。そして人生が俄然楽しくなる。アイデンティティを変えれば行動も、そして人生の方向性も変わる。問題は、僕らが「自分は変われない」と信じ込んでいることだ。

クライアントからこんな言葉を聞く。「僕はそういう性格なんだよ」。だが性格ってなんだろう？

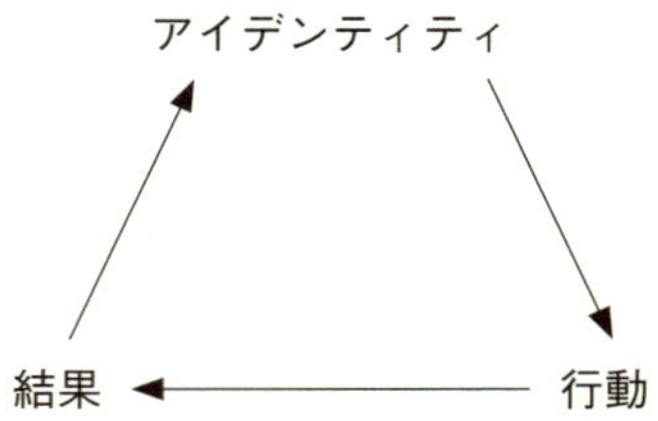

性格（personality）はラテン語のペルソナ、舞台の演者が着ける仮面から来ている。[1] この仮面は「自分はどうあるべきか」という自分の考えで、あらゆる判断に影響を与える。僕たちはあまりに長い間この仮面を被ってきたので、本当の自分が何かわからなくなっている。さらに、その仮面をいつでも外せることさえ忘れている。作家・哲学者のアラン・ワッツは言う。「僕たちは五分前の自分と同一人物である義務などまったくない」。これを僕流に解釈すると、僕らはいつでも今までと違う行動ができる、あるいは別の仮面＝ペルソナを被ることができるってことだ。

ペルソナが変えられるという事実にはとても勇気づけられる。だがそれはとても難しくもある。僕らは自分が信じる、自分はこうであるという人格に強く縛りつけられているからだ。またエゴは、僕らが別の人格を信じることを嫌う。さらに、自分はこんな人間だという思考にはさまざまな観念がまとわりついている。自分は男だ、女だ、娘だ、共和党支持者だ、民主党支持者だ、アスリートだ、子の親だ、キリスト教徒だ、仏教徒だ、などなど。

こうしたアイデンティティは僕たちの行動を支配する。「僕は怠け者ですぐに諦める人間だ」と思っている人は、怠惰で簡単に物事を投げ出す。だが自分はすぐに行動を起こし、目的に向かって進んでいく人間だと思っていれば、それにふさわしい行動をする。自分でこうだと考えている人間、それが君なんだ。図に示したように、アイデンティティは自分の行動と、その結果に深く関係していると考えてみよう。君のアイデンティティは君の行動に影響を与える。行動は何らかの結果を生み出す。そしてその結果は君のアイデンティティにフィードバックされる。問題は、ほとんどの人が、自分が望む未来につながるアイデンティティを持っていないことだ。アイデンティティが望む未来からずれていると、その未来が実現することはない。アイデンティティ、行動、結果は循環している。要は、君が望む未来に到達したいなら、アイデンティティを変えるしかないってことだ。

◆君は自分にどんなストーリーを語りかけている？

君のアイデンティティは、君が自分に語りかけるストーリーによって加速する。それは脳の中でいつも君にささやきかけている声のことだ。マックスウェル・マルツは一九六〇年の著書『サイコ・サイバネティクス』（小圷弘訳『自分を動かす――あなたを成功型人間に変える』知道出版）で、この声を想像力と呼んでいる。彼は書いている。「人間は、自分自身や周りの環境について、自分が真実だと思っていることに従って行動し、感じ、実行する。想像力は目的の〝絵〟を描き、心のメカニズムは自動的にそれを目指していく。一般に信じられているように、僕たちは意思の力によって行動したりしなかったりするわけではない。それを決めるのは想像力なのだ」と。(2)

「自分に語りかける物語」は、朝、ふと聴いた歌が耳に残り、一日中頭の中で鳴り響いている状態、とも言える。この歌はいつでも他の歌に変えられる。だがほとんどの人はそうせず、同じ歌を何度も聴き続ける。そしてそれは君が聴きたい歌とは限らない。君はそれが大嫌いか、少なくとも部分的に嫌いかもしれない。でもずっと鳴り響いているので君はすっかり慣れてしまい、それどころか心地よくさえ感じている。

惨めさに甘んじている人々は、その状況が好きなわけじゃない。それに慣れきっているためそこにいるのが心地よく、毎日戻ってきてしまうのだ。僕たちが自分に語りかける物語もこれと同じだ。それは君にとってどんな物語だろう？

信じられないかもしれないが、アイデンティティは現実を歪曲する。それは僕らの思考や感情をゆがめ、自分の考えや感情に沿った物事だけしか見なくなる。もっと言えば、知覚はコントロールされた幻覚だ。専門用語では「認知のゆがみ」と言う。それは、物事を誇張・一般化したり、レッテルを貼る、ふるいにかける、あるいは真実にそぐわないほど現実を極端に捉えたり、白黒で判断しようとすることだ。僕たちが自分に語りかけるこれらの間違った物語はたいていネガティブで、仕事や人間関係に悪影響を与え、目標達成の邪魔をする。

自分が作り出している物語が何か知っておくことは大事だ。それは君がすること、しないこと、自分をどう考えているか、他人に対する感情、過去の出来事や現在の状況に対する評価などに影響を与えるからだ。自分に語る自分の物語は世界でもっとも強力なんだ。

そしてこの物語、つまりアイデンティティを変えない限り、君の人生は絶対に変わらない。

頭の中の物語が、君はこういう人間なので、君の人生はこうなのだとつぶやき続けると、悪循環に囚われる。恋愛がことごとく失敗するなら、君は自分は恋愛が苦手だという物語か、自分にふさわしい人などどこにもいないという物語を信じているのかもしれない。その結果、君の恋愛はすべてうまくいかなくなる。

僕らは皆、物語を自分に語りかけている。それらはすべて真実じゃない。でも僕らは物語と一致した人生を生きている。なぜだろう？　アイデンティティの悪循環のせいだ。アイデンティティが行動に影響し、行動が結果を決める。その結果がアイデンティティにフィードバックされる。それが自分だと信じ、アイデンティティに沿って行動を起こす。行動は結果を生み、それがアイデンティティを強化する。

違う結果を望むなら、唯一の方法は頭の中の物語を見極め、それを自分の望む結果に合う物語に変えることだ。問題は、物語から自由になるのが恐しいことだ。それが僕らの知るただ一つの物語だからだ。

僕らはいつも同じことを繰り返す――欲しいものはわかっているけれど、それを手に入れるための行動ができない。最高のコンディションで人生を送りたいと願うのに、行動を起こせない。理想の人生を望むが、それを手に入れるための行動ができない。裕福を望むのに、金が稼げない。素晴らしい恋愛を望むが、実現するための行動ができない。

なぜか？　僕らの中の二つの心、顕在意識と無意識が常に戦争状態にあるからだ。顕在意識では体重を減らし、ヘルシーな食事をし、エクササイズをして健康になりたいと思っている。でも頭の中の物語が「僕は太り過ぎてるよ」だとすると、次のような考えが湧き上がってくる。「これが自分だ、変われないよ」、あるいは「これは遺伝的なもので変えようがないんだ」、「うちの家族は全員太っている。ダイエットするだけ無駄だよ」、「僕は運動は全然ダメだ。こういう体型でなかったらダイエットするのに」「もっと背が高かったらスタイルよく見えるのに」などなど。

◆肥満からの脱出

自分の物語が「遺伝的な原因で体重が減らせない」だとしたら、わざわざエクササイズをしたりヘルシーフードを食べたりしないだろう。心の中で、減量は不可能だと決めているのだから。体とエネルギーレベルに影響がないなら、僕はエクササイズなんかしないで一日中ピザを食べているだろう。山ほどのクッキーとアイスクリームも。自分の体を変えられないのなら、エクササイズをする理由もない。それが無意味だと思うならモチベーションなど湧かないはずだ。

特定の体型の人は挑戦を嫌うと言っているわけじゃない。非常に特殊な状態を除き、遺伝子が減量を邪魔するなんてことはない。原因は遺伝子ではなく、正しい行動（健康的な食事や定期的なエクササイズ）の優先順位が低いか、習慣化されてないことだ。

体質改善に成功する人は、まず意思の力を使う。意外と知られていないが、最初はモチベーションはいらない。モチベーションは行動についてくる。だから、まず始めることが大切だ。始めれば続けるモチベーションが生まれてくる。あまり気乗りがしないままジムに行って体を動かし始めたら、やる気が湧いてきてエクササイズをやりきった、ということはないだろうか？　行動を起こすことでやる気が生まれたんだ。だがいつもいつも自分を行動に駆り立てるのは難しい。

そこで大事なのは一貫性を持つことだ。なぜならモチベーションは一過性のものだが一貫性は自分の決断だからだ。顕在意識が占めるのは思考のたった五パーセントだが、潜在意識は九五パーセントを支配する。(3)　つまり一九倍の影響力を持つということだ。そして、僕らがその存在に気づき、変えようとしない限り、潜在意識はほとんどデフォルト状態のままだ。

何とか挑戦したいなら、自分の物語を変える必要がある。それがうまくいってポジティブな結果が出始めたら、アイデンティティを変えることができる。やがて、行動を始める時の抵抗が徐々に弱まっていくだろう。だが物語を変えず、自分や周囲に「僕は遺伝的にやせない体質だ」と言い続けるなら減量はとても難しい。体重を減らすための行動は至難の業だろう。

しばらくの間は、「健康的にやせたい」という思いを持ち続けられるかもしれない。だが、「僕は〜してもいい」という考えが浮かんでくるなら、アイデンティティが完全に変わってない証拠だ。君こう考え始める。「二キロもやせたんだからピザくらい食べてもいいだろう」、こうなると数日後には、「今日はジムを休んでいいだろう」、「ちょっとくらいならアイスを食べてもいいだろう」となる。

こうした小さな決定が積み重なり、気がつくともとの体重に戻っている。君は考える、何でこんなことになったんだ？　自分は変わったと思っていたが、アイデンティティは変わっていなかった。君のアイデンティティはもとの体重としっかり結びついていたんだ。そしてこの結果はアイデンティティにフィードバックされ、自分は減量できないという信念を強めるだけに終わる。身に覚えがある？　安心してほしい、君だけじゃない。減量に成功した人の九〇〜九七パーセントは結局もとの体重に戻る。

一時的なダイエットや短期的な思考では君のアイデンティティは変えられない。

これは正常な反応で、「変化の感情サイクル」というものの一部だ。変化の感情サイクルは一九七〇年代にドン・ケリーとダリル・コナーによって考案されたもので、何かを変えようとする試みのほ

変化の感情サイクル

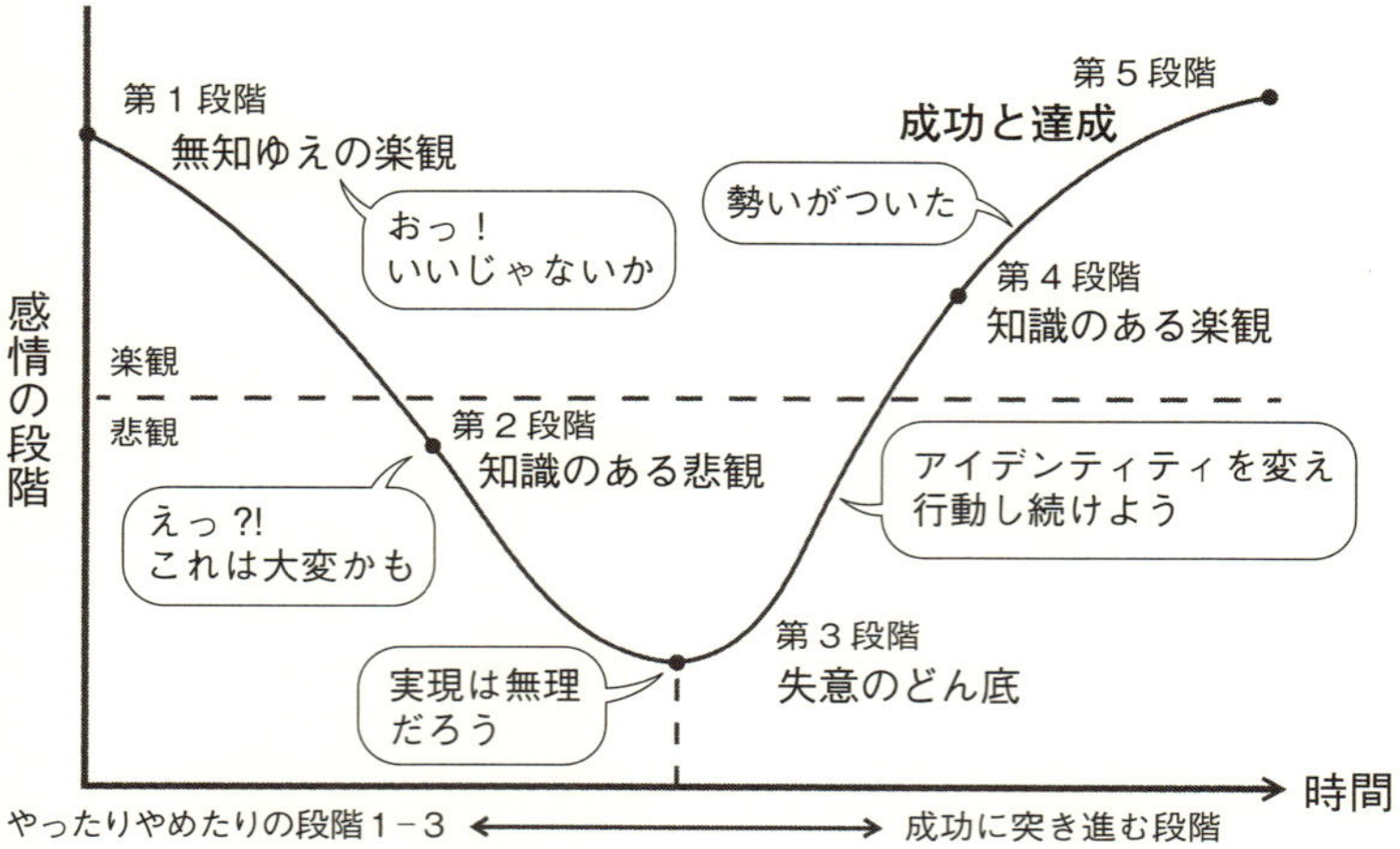

とんどに応用できる。[4]

最初の一歩は「無知ゆえの楽観（uninformed optimism）」状態から始まる。人生で支払う犠牲に目が行かず、何もかも素晴らしく思える状態だ。当然これは長く続かない。すぐに「知識のある悲観（informed pessimism）」、つまり、疑いが芽生え、困難さを理解した状態に陥る。君はこんなに努力してまで変化する価値があるんだろうかと思い始める。この状態は「失意のどん底（valley of despair）」に落ち込むまで続く。みんな、ここで諦めてしまう。恩恵が得られるのははるか先のことに思えるからだ。彼らは別の新しいことを始め、「無知ゆえの楽観」に戻り再び盛り上がる。そして同じサイクルに陥り、「失意のどん底」に落ちて諦める。つまり、行動することで谷を乗りきるのがとても大事なんだ。波に乗ればあとは上昇するだけだ。

永遠にうまく行き続けることなんてない。永遠に続く悪いこともない。行動し続けていれば、知識も経験も積み上がっていく。テレビゲームのキャラクターのように君は成長し、次のステージに到達する。そしてまた次へ。前進し続け、日々進歩することに身を捧げていれば、どうしたって「知識のある楽観」の境地に到達してしまう。そうなれば君は勢いづき、成功する。諦めなければ失敗しようがない。

やりきる秘訣は目標に対する考え方を変えることだ。体重を減らしたいなら減量を目標にしてはいけない。目標はあくまでアイデンティティを変えること、自分は適正体重で健康なんだと信じることだ。インスタグラムの写真を見つめて「あいつみたいな遺伝子を持ってればああいう体型になれるのにな」とため息をつく代わりに、「ああいう体になるために今、頑張ってるんだ」と言うべきだ。自分のアイデンティティが「肥満の男」ではなく、食事や体のケアに気をつかう「アスリートタイプ」だったら、君の行動がどんなに変わるか考えてみてほしい。

これは君のあらゆる行動に応用できる。ビジネスを発展させたいけれど、両親が商売を潰してしまうのを見たり、僕のように燃え尽きてしまったら、「自分にはビジネスを成功させる能力なんてない」という物語を持っているかもしれない。そうだとしたら、君のビジネスは苦労ばかりになる。そしてその物語は自己達成的予言となり、ビジネスは破綻するだろう。だが本当は、人は自分が思っているような人間ではないのだ。

◆他人が見ている自分を生きるな

二〇世紀初頭に活躍した米国の社会学者のチャールズ・ホートン・クーリーは言った。

「僕は君が考えているような人間ではない。僕自身が考えているような人間でもない。僕は、僕が想像する「君が考えているだろう僕という人間」なのだ」。

よくわからなかったら読み返してほしい。これほどアイデンティティの複雑さを言い当てた言葉もない。僕たちは自分のアイデンティティを自分の考えに基づいて作っているわけではない。他人が考える自分に基づいて作っているわけでもない。僕らのアイデンティティは「他人は僕のことをこういうやつだと思っているだろう」という自分の思い込みによってできている。

僕の高校時代の良き友人は家が貧しく、金がないことを自虐ネタにしていた。彼は両親がいつも金のことで喧嘩し、借金に四苦八苦しているのを見ていた。いつも金欠で欲しいものも買えず、他の子供が自分をどう見ているかを想像して落ち込んでいた。こうした経験が自分自身やお金に関する彼の思い込みに影響し、その結果、彼は自分はいつも貧しいと信じるようになった。彼は今でも変わらず自虐のジョークを言い続けている。そしてどうなったか？　三五歳になった今も金に困っている。

なぜか？　「貧しい」が彼のアイデンティティだからだ。彼の行動はいつも自分につぶやいている物語と一致している。こんなジョークは単なる自虐だと言って消し去ることができるのに、それによって自分の首を絞め、今の状況に落ち込む原因を作っている。自分は常に金の問題を抱えるタイプの人間だと考えているから、すべての行動は自己成就的予言となって実現する。

彼は自虐ジョークを言うことでそれを現実にしてしまっているのだ。それは、昇進を目指して懸命に働かない、貯金をしない、悪循環から抜け出す努力をしないなどの形で現れる。

宝くじに当たった人々の七〇パーセントが数年以内に破産するのもこれが理由だ。[5]　無名から成り上がったスポーツ選手が巨額の契約をものにしたあと、結局破産するのも同じだ。もちろん他にもいろいろな要因があるだろうが、多くはアイデンティティの問題だ。成功し豊かになることは、彼らが生まれてこの方つぶやいてきた物語と一致しない。たとえ大金を摑んでも彼らのアイデンティティは変わらないんだ。

じつは僕自身も、高校時代の友人のように貧しい環境で育ち、同じような自虐ジョークを言っていた。だが二〇代になると、これ以上貧乏でいたくないとつくづく思った。

当時の僕は自分の銀行残高を見ることが大嫌いだった。残高を超える引き出しへの罰金がかさみ、二〇〇ドルの預金があるのか、それとも二〇〇ドルの借金があるのかわからなかった。もうこんな人生はこりごりだった。僕は行動を変え、まず自分の金遣いをチェックした。貯金も始めることにした。残高を見るのが苦痛でなくなるのにそう長くはかからなかった。金が貯まるにつれ残高の確認は楽しみにさえなった。それは豊かな未来につながっていると思えたからだ。僕は毎日残高を見直した。

もう一つ大事なのは、金欠についての自虐ジョークを辞めたことだ。僕の物語は「銀行残高は大丈夫かな」から「精いっぱい働いて財産を作り、自分と家族の生活をよくしてやるぞ」に変わった。残高チェックは習慣になり、一三年たった今でも続いている。

君の新しいアイデンティティは君の行動を変える。行動は結果を変え、結果はほとんどの場合、そのアイデンティティと一致する。一致するだけでなく、それを強めてくれる。君が望む結果を得ていないなら、それはアイデンティティのせいだ。理想の体型も金も恋人もなく、ビジネスも望む通りでないなら、今持っているアイデンティティが原因だ。そろそろ変えようじゃないか。

◆望む結果に向けた行動をしよう

どんな人間になりたいかを考えることは、この挑戦の道のりの半分にすぎない。行動を変えないことには何も起きない。一日中、机に向かって未来の成功について考えるのもいいけれど、行動を起こさなければ始まらない。行動が積み重なるほど結果も変わり始める。やがて君のアイデンティティは変化するだろう。

今の僕は、大勢の観客の前で話すことにはすっかり慣れっこだ。だが以前からそうだったわけじゃない。セールスの仕事を始めたばかりの頃のスピーチを思い出すと今でも赤面する。僕は、ペンギンがいかに団結しているかを例にとって、チームワークの大切さについて話をすることにした。ちょうどハロウィーンの時期で、ウォルマートでぜんぜんサイズの合わない子供用のペンギンのコスチュームを買った。スピーチの直前はひどく緊張していた。人前で話すなんて初めてだったからだ。経営者は何とかやってのけろと迫り、僕をステージに押し出した。ペンギンの衣装は大失敗で二度と着るまいと思ったが、それ以後も僕はスピーチの機会があれば逃さず、仕事のチーム会議も進行役を務め、向上することができた。会社を辞める時、僕がスピーチに費やした時間は二万時間を超えていた。最初はズブの素人だったが、僕は講演者として行動し続けた。おかげでまず得られる結果が変わり、そしてアイデンティティが変わった。

これを書いている現在、約一〇〇〇人の観客の前でのスピーチが控えているが、正直ワクワクしている。僕のポッドキャストでも似たようなことがあった。最初の数回を録音した頃はとてもポッドキャスターを名乗れる出来ではなかった。それでも僕は行動し、まず一回目を録音した。今ではポッドキャストは一三〇〇を数え、僕のアイデンティティはポッドキャスターに相応しいものになった。

近道をしたいなら、望む結果に向けた行動をしよう。君の行動は結果に影響し、結果はアイデンティティを変える。これは結局、第1章で学んだことに戻る。恐れを克服しコンフォートゾーンから出ることで本当の成長が起こるのだ。

ちょっと意外かもしれないが、最初からうまくいくと信じなくていい。

ナタリーは僕のコーチングプログラムの受講者で、一〇万ドルの金を作るという目標を持っていたが、それを達成できるとは思っていなかった。だが彼女は、自分の始めた新しいコーチングビジネスの勢いを維持し続ければ、もっと金が稼げ、ビジネスも発展するだろうと考えていた。彼女は仕事に全力を傾け自分のクライアントに集中していたため、収入がいくらになったか把握していなかった（これはあまりお勧めしない。収入には注意を払うべきだ）。しばらくして収入をチェックすると、それは一七万ドル近くになっていた。限界だと思っていた金額を軽く超えてしまったのだ。アイデンティティを変えるには、可能だと信じられなくても行動を起こすことだ。多くの人はこれがわからず尻込みする。自分が信じられないからだ。信じなくても構わない。必要なのは行動だ。行動すればいつかアイデンティティは変わるんだ。

◆思い込みでアイデンティティが変わる

作家でスポーツ心理学者のトレバー・ムアワッドは、高校二年の時に落第し、悪い仲間と付き合い始めた少年のことを書いている。彼はいつも問題を起こし、遅刻の常習犯で、時には学校をさぼった。宿題をやってくることはほとんどなく、やったとしてもひどい点数だった。大学進学など夢のまた夢で、進学試験も受けようとしなかった。そんなものが何になる？　だが母親が彼を説得し、彼は大学進学適性試験を受けた。郵便で送られてきた結果は、一六〇〇点満点のテストで何と一四八〇点だった。彼は驚いたが母親も驚いた。学校の成績を知っていた彼女はカンニングを疑ったが、そうではなかった。

これ以降、彼の中で何かが変わった。彼は自分の賢さに気づき、三年生の時に変身した。真剣に学業に取り組み始め、付き合う友人を変え、問題を起こすこともなくなった。学校をさぼるどころか早めに登校した。自主的に勉強し始め、成績は上がり、彼に対する人々の扱いも変わった。大学進学が視野に入ってきた。高校に入った頃の成績が悪すぎたのでコミュニティーカレッジにしか入れなかったが、のちにアイビーリーグの大学に編入し、卒業後は国際的な雑誌のＣＥＯになった。

すべては進学適性試験の成績がきっかけだった。それが彼の自己評価を変えたのだ。そしてその時、彼のアイデンティティが変化した。これが一番大きなことだった。

この話は誰も予想しなかった展開を見せた。実は、この劇的な変化はたった一つのミスから起こった。一二年後、大学入学試験協会から一通の手紙が届いた。それによると、当時一部の学生の点数計算にミスがあり、彼もその一人だった。本当の点数は一四八〇点ではなく七四〇点で、まったく箸にも棒にもかからない出来だったのだ。だがすべては終わっていた。

大切なのは、自分は賢いと考えたことによって彼のアイデンティティが変わり、行動がよくなり、人生が変わったという事実だ。彼はまた、自分にささやく物語も変えた。それが彼の行動に影響し、受け取る結果も変化した。そして「自分は賢い」という彼のアイデンティティは強化されたのだ。こうした変化は進学適性試験のスコアではなく、彼自身と彼のつぶやく「自分は賢い」という物語が引き起こしたものだ。

これは、いつ、どのようにしてアイデンティティが変わるのかという完璧な例だ。まず行動が変わり、それが異なる結果を呼び、よい方向にも悪い方向にもアイデンティティを強化する。アイデンティティはこんなにも強力なんだ。そして誰でも活用可能だ。

◆君のアイデンティティは何か？

ちょっと時間をとって、自分のアイデンティティについて考えてみよう。

君はどんな仮面を着けている？　「自分は賢い」という仮面か？　それとも「俺は間抜け」という仮面か？　ビジネスは大変だ、と考えているだろうか？　成功しようと四苦八苦しているタイプだろうか？　シャイ？　それとも自分はダメだと思い込んでいる？　しばらく考えたら、一番大切な質問、ほとんどの人がしない質問を自分に問いかけよう。

子供の頃、どんな〝自分〟を信じ込まされたか？

僕のクライアントの一人がこう言った。「金の問題を抱えると思ったことは一度もない。でも金を得るには懸命に働かなければならないとは思っていた。そしてそれはあまり気が進むことじゃなかった」

僕は質問した。「子供の君に必死に働くことが悪いことだと思わせたのは誰だい?」

予想通りそれは彼の両親だった。彼は、働き蜂であまり家族を顧みない父親のもとで育てられた。一緒に夕食をとらず、野球の試合も見にこない。僕のクライアントは、ビジネスを成功させるには一日の大半を仕事に費やし、家族を蔑ろにしなければならないと信じて育った。

さらに彼は人生を振り返って、スポーツや学業、そして仕事でも、始めてもすぐに諦めてしまうパターンを繰り返していることに気づいた。彼が目指すレベルに到達するには、ハードワークが必須だったからだ。彼が気づかなかったのは、父親は彼や家族に最高の人生を与えることで愛情を示そうとしていた、ということだ。それが、父親が知っている唯一の愛情表現だったのだ。人々は二つのグループのどちらかに陥る傾向がある。一つは力を振り絞って必死に働く派、もう一つはハードワークは悪だとする派だ。僕のクライアントは二つ目のグループに属していた。

◆行動こそすべて

僕は幸運にも、成長期にこうした問題を持たずにすんだ。父親が悪戦苦闘しているのは見ていたが、僕には父と正反対の性格のダン叔父さんがいた。ダンはガラスの製造・カットを手掛ける会社を経営し、二〇〇人以上の従業員を抱える成功者で、世界中を飛び回っていた。素敵な家といくつものボートや車を所有し、僕の知る限り最も気前のよい人間だった。家族の誰かが助けを必要としている時、手を差し伸べるのはいつもダンだった。そして彼こそ僕の最初の師、最も尊敬する人物だった。

僕はダン叔父さんのようになりたかった。彼は、努力を惜しまなければどんなことができるかを教えてくれた。子供時代にこんなにも尊敬できる人がいなかったら、今日の僕がどうなっていたか見当もつかない。

真剣に観察していたわけではないし、その頃はうまく言葉にできなかったが、父とダン叔父さんを見ていて一つの違いに気づいた。父はいつも欲しいものについて口にしていたが、実際に行動することはなかった。一方、ダン叔父さんは何かが欲しいとすぐに腰を上げ、行動した。

家族の中で努力の大切さを教えてくれたのはダン叔父さんだけじゃなかった。僕の母は二〇〇八年まで不動産業界でそれなりに稼いでいたが、不況になると収入がほとんどなくなった。母はあれこれ言い訳する代わりに機転をきかせ、型破りな解決方法を見出した。身長一五五センチの彼女は一八輪トラックのハンドルを握り、全米を走り回った。そう、トラック運転手になったんだ。それは一時的な転職だったが、彼女は難しい局面ですべきことをした。経済が回復すると彼女は不動産業に戻った。

僕が母やダン叔父さんから学んだのは、人生で何かを望むなら、座り込んで願っているだけではダメだということだ。行動し、欲しいものを勝ち取る。僕は仕事においてこれを肝に銘じている。僕は働くことが大好きだし、自分のしていることが好き過ぎて、時には自分を抑えなければならないくらいだ。さもないとずっと働き続けてしまう。

◆「できない」を乗り越える魔法の言葉

自分のアイデンティティを変えたければ、まず自分の信条、思考、使う言葉に注目し、行動を変えてみよう。

これについてよい例がある。ジェシー・イッツラーが教えてくれたチャド・ライトの話だ。ライトは元海軍特殊部隊員（ネイビーシールズ）で、現在はウルトラランナー（長距離を走るマラソンのランナー、一〇〇キロが一般的）となっている。イッツラーはライトに、長距離を走ろうとしても八キロの壁を破れない友人の話をした。ライトはその友人と一緒に走ってやることにしたが、彼は一回目の練習でいきなり一六〇キロ以上の距離を走破した。

いったいどうやって？　秘密は単純だ。ライトは彼に二つの言葉を繰り返すように言った。一つは「俺はやめない」だった。これを自分に対して繰り返すと何が起こるか？「やめなくなる」んだ！　イッツラーの友人は走り続けた。

彼が教えられたもう一つの言葉は、「痛みに声を上げさせるな」だった。一六〇キロも走るとかなりの苦痛が襲ってくることをライトは熟知していた。対処法は「痛みと口を利かない、痛みについて考えない」だ。

そして「自分が感謝しているもの」に思考を向ける。イッツラーの友人は毎時間立ち止まり、感謝しているものをつぶやいた。走っている間もポジティブな思いに集中し続けた。この方法はチャド・ライトが思いついたものではない。ポジティブなセルフトークが運動能力を向上させるという研究結果は山ほどある。(6)

このシンプルなテクニックのおかげで、八キロしか走れなかったごく普通の男が、たった一回の練習でいきなり一六〇キロを走りきったのだ。これによって彼のアイデンティティは変わった。あまりにもシンプルな方法だが、あまりにも常軌を逸した話でもあるので、実行するのは難しいかもしれない。要は、人間はやりたいことよりもやりたくないことに思考を向けてしまうということだ。僕たちは常にこの傾向をひっくり返し、ポジティブに集中すべきだ。君は人生において何を望む？　そしてそれを得るために腰を上げた時、人生はどう変わる？

ポッドキャストで俳優のマシュー・マコノヒーをインタビューした時、彼は、両親から受けた三度目のお仕置きの話をしてくれた。それは「I can't（僕にはできない）」と言ったからだったそうだ。彼の両親はこの言葉を言うことを決して許さなかった。

「「できない」は悪い言葉だということを両親から学んだよ。〝shit（クソ）〟や〝fuck（ファック）〟、〝damn（呪われろ）〟はもちろん悪い言葉だが、〝can't〟と言ったらお仕置きさ」

こうした態度を若いうちから刷り込まれたのだから、マコノヒーが大成功して地球でもっともクールな男の一人となったのも驚くことじゃない。「できない」と言うことを禁じられていた彼は、やりたいことは何でもできるはずだと考えて育った。そして彼は今、スーパーヒーローのアイデンティティを持ち、それを自分の一部として生きている。

◆一日だけ理想の自分になってみよう

思い出してほしい、ジム・キャリーはほんの数カ月間アンディー・カウフマンを演じただけなのに自分という存在をすっかり忘れてしまった。同じことは君にも起こる。今の君という存在は、君が何年もかけて創り上げてきたものに過ぎない。そのすべてが虚構というわけじゃないが、この古い君が、今の君の人生を作ってきたのは間違いない。望む人生を創造するために行動を起こすなら、いくつか変えなければならないことがある。

まずはアイデンティティだ。これはシンプルだ。自分は一生肥満状態だろうと考えていたら、アスリートの体型になることはない。好きな仕事に就くなんて無理だと考える人が、ある日夢の仕事に就けることもない。家族や親しい友人のグループなんて自分には無縁だと考えていたら、自分をしっかりとサポートしてくれる状況ができることもあり得ない。まず意識的な努力が必要だ。

こうした考えにかたまっている古いキャラを手放し、本当になりたい人物になってみよう。新しい仮面を着け、新しい性格になりきるのだ。

ちょっと挑戦してほしい。理想の自分について考えてみよう。でっかく考えよう！　今の君が欲しいものをすべて持っている人間を想像しよう。君の望む人間関係、欲しいだけの金、理想の肉体、家族関係、やりたい仕事か事業、さらにはすべての喜び、心の平穏、幸福も持っている。この人間は挑戦し、君が欲しいものをことごとく手に入れた。何一つ逃さない。君から見れば完璧な人生だ。

次に彼らの一日を可能な限り詳しく想像してみよう。何時に起きる？　朝の日課は何か？　何を食べる？　どのくらいの頻度でエクササイズをする？　どんな人間に囲まれている？　経歴、職種は？　どんな自己対話をしているだろうか？　他者と話す時はどんな感じか？　どんなふうに友人と接するか？　見知らぬ人に対してはどうか？　この人物のあらゆる性格、行動を詳しく知っておこう。

それがすんだら次は、一日中、彼がするであろう行動をする。

明日目覚めたら彼になりきって一日を過ごそう。彼の仮面を着けてみよう。裕福になるのが君の目標なら、明日は金儲けに長けた人間として行動してみよう。賢くなりたいなら、知識欲旺盛な人間の行動をしよう。朝はその人物が目覚める時間に起きる。彼が食事に気を遣いエクササイズを欠かさないなら、君は何をすべきかわかるよね?! 彼が社交的なら、君もコーヒーショップの店員や隣の人に話しかけてみよう。彼がナイスな人物で、愛に満ちた関係に囲まれているなら、その新しい役柄にトライしてみよう。たった一日この人物になりきってみたところで君が失うものはない。気に入らなければ明日からもとの自分に戻ればいい。

この人物がどんな行動をするかわからなくなったら立ち止まって考えよう。ジムに行かなければならないのに気が乗らない時、彼ならどうするか? 事業や職場でヘマをやらかした。彼はどうするか? 奥さんと喧嘩した時、彼なら何をする? スーパーで買い物中に子供が泣き出したら彼はどんな態度をとるだろうか? 状況はいくらでも出てくるだろう。これを続けていると、無意識に君を押しとどめていた行動が明らかになってくる。どこで何をしていようと、この理想の人物を自分のガイドにしよう。

◆理想の自分を演じきれ!

一日のうち何回かは古い自分に戻ってしまうこともあるだろう。古いアイデンティティが君をコンフォートゾーンに引き戻そうとするのだ。こんな時は自分を押しとどめよう。大事なのは、楽な方向に流れたくなる気持ちを抑える力を持つことだ。理想の自分なら何とも思わないことにイライラするかもしれない。それは自分に気づき、行動を変えるチャンスだ。その瞬間に理想の自分を呼び覚まし、彼のように振る舞おう。これこそがコンフォートゾーンから抜け出し、今まで困難だったことをする方法だ。それが困難でなければ、君は変われない。一日でいいから自分のアイデンティティを壊し、新しい仮面、ペルソナを着けるとどんな気持ちになるかやってみよう。ちょうど新しいシャツを着るような感じで。気に入ればずっと着ていればいいし、そうでなければ次の日は別のを着ればいい。君が失うものはない。

僕は特に信心深くはないが、人生が終わる時、自分がなれたかもしれない理想の自分に出会う、と考えるのが好きだ。それが神だろうと他の誰かだろうと、僕をジャッジする人物と会った時、完璧な自分自身になるための必要事項のリストのすべてにチェックを付けてもらえるようにしたい。僕の目標は自分のポテンシャルの限界を見極め、世界や自分のまわりの人にできる限りの影響を与えることだ。自分は最高の親だったし、お金を最も効率よく管理してきたと思いたい。そして可能な限り人を愛してきた、とも。もし人生の終わりに最高の自分に出会ったとして、「自分は彼にはなれなかった」とガッカリするのは嫌だ。この星で生きた時間、自分の可能性を使いきったと思いながら死にたい。理想の自分に会った時、双子の片割れのように感じられれば最高だ。

これは君の新しい目標になり得る。もし正しい道を歩んでいるかどうかわからなくなったら自分にこう質問しよう。

「この道を行くと僕は目標に近づけるか、それとも遠ざかるか?」

とてもシンプルだ。今の行動が目標に近づけてくれるなら続ければいいし、そうでなければすぐにやめよう。一日に一〇〇回問いかけたっていい。続けていれば、君のアイデンティティは新しいものに変わるだろう。君は自分の人生を自分で創る、新しい自分になれるんだ。

覚えておいてほしい、アイデンティティは行動に影響を与える。その行動は結果に影響し、結果は君のアイデンティティを強める。つまり結果は行動の反映なんだ。今までとは違う結果をもたらす行動をとったなら、君はアイデンティティを変え始めている。「誰になるか」は「何をすべきか」よりもずっと大事だ。君はもっともっと行動し、結果を出し、新しい自分にならなくてはいけない。古い自分を脱ぎ捨てアイデンティティを変えれば、新しい可能性の世界への道は開かれている。新しい仮面を着ければ自然に行動できる。目標を達成し望む人生を生きるためにもっとも大事なのは、アイデンティティを変えることなんだ。

……この章のポイント……

◎種が花を咲かせるには、まず自分を壊さなくてはならない。自分を変えたければ、君の一部が死ぬ必要がある。

◎自分の物語、つまりアイデンティティを変えない限り、君の人生は絶対に変わらない。

【ノートに書き出してみよう】

・君が自分につぶやいてきた物語の中で、君を理想の人生から遠ざけてきたものを書きだそう。

・その物語を根こそぎ引き抜きたい。それがどこから来て、君の人生にどう影響しているか書き出そう。ポジティブにせよネガティブにせよ、君に大きな影響を与えた人が思い浮かぶかもしれない。あるいはそれは、子供の頃、高校の頃、あるいは成人して間もない頃のインパクトの強い記憶、経験かもしれない。

・願望を実現するために、考えたり口に出したりするのをやめるべき思考、思い込み、言葉は何か？

・願望を実現するためにするべき思考、思い込み、言うべき言葉は何か？

＊https://robdial.com/levelup/も参照してみよう。

第3章
目的――君が欲しいものは？

◆「クリスマスには何が欲しい？」

毎年、秋になると母は僕に聞いた。長年、僕の答えは同じだった。「別に何でもいいよ」。母は曖昧な答えが嫌いで、何とかして僕が欲しいもののヒントを引っ張りだそうとしたが、僕はあまりうまく応えられなかった。母に聞かれた時はクリスマスなんてずっと先のことに思え、そのうち何か思いつくだろうとたかをくくっていたが、いつもそうはならなかった。

クリスマスの朝はいつもエキサイトしたものだ。時には眠れないこともあったが、どんなに疲れていても問題じゃなかった。妹を起こすと朝イチで階段を駆け降りた。プレゼントを開けるのが待ちきれなかった。自分の欲しいものはわかっていなかったが、クリスマスに服をプレゼントされることはほど一〇歳の僕をガッカリさせるものはなかった。

まず口をついて出た言葉は、「洋服はいらないよ」だった。

この状況を予期していた母はにっこりして言った。

「何が欲しいか聞いたでしょ。君は何でもいいって言ったじゃない」

僕はぐうの音も出なかった。だが「求めよ、さらば与えられん」という言葉が身に沁みるには、レッスン一回では済まなかった。

目標というのもこれと同じだ。人生で何かを得たいなら、欲しいものがあるなら、それが何かを明確にしておくべきだ。欲しいものがはっきりしないのは、「恐れ」と、「古いアイデンティティにしがみつく」に次ぐ、三番目の「行動を起こせない理由」だ。

世界最高の弓の射手と君とに同じ的を狙わせたら、彼は毎回君をコテンパンにやっつけるだろう。だが彼に目隠しをし、体を何回か回してから的を射させたら君が勝つチャンスはずっと大きくなる。彼は的が見えないが君には見えるからだ。

君の目標にも同じことが言える。目標が何だかわからずにそれを手に入れようとするのは、目隠しされて的を射るのと同じだ。不可能ではないにしても極めて難しい。目標が明確なほど、それははっきり見える。目隠し状態で的を射ようとせず、ライフルスコープを通して的を狙えばヒットするチャンスは俄然上がる。

君が欲しいものは何か?

超シンプルな質問だが、君ははっきり答えられるだろうか? 欲しくないものなら言えるという人は多い。欲しいものを言える人も少しはいる。だが彼らも一〇〇パーセント自信を持って言っているわけではない。目標がわからないのにどうしてそれに期待できる? 子供時代の僕の経験は、欲しいものを明確にすることの大切さをはっきりわからせてくれた。

◆目標をもっと具体化しよう

僕は長いこと、何千という人をコーチングしてきた。彼らに目標を尋ねると、「体重を減らしたい」、「いい仕事に就きたい」、「もっと金を稼ぎたい」、「もっと親密な関係を築きたい」といった答えが返ってくる。素晴らしい目標だし、実現すれば人生はよりよくなるだろう。

だがじつは、これらは目標としては失格だ。あまりにも曖昧だからだ。

体重を減らすってどういう意味だろう？　どのくらい減らしたいのか？　二キロか二〇キロか？　これは大きな違いだ。ただ減らすことが目標なら、〇・五キロ減らせば成功だ。おめでとう！　だがそれで君の人生が変わるだろうか？　たぶん変わらないだろう。減量するのが目標ならもっと細かく設定しよう。体脂肪率は何パーセントにしたい？　筋肉量は？　誰のような体型になりたい？　なりたい体型の誰かの写真をプリントアウトして鏡に貼っておこう。毎日歯を磨くたびに目指している目標を思い出せる。

もっとお金が欲しいなら、いくら欲しいか決めよう。銀行口座にあといくら欲しい？　いくら貯金していくら投資したい？

パートナーとの関係をよくしたい。どうやって改善する？　今の関係がよいか悪いか、どうやって計測する？　それをこの先どう変えていきたい？　そしてどうやってそれを実現する？

事業を成功させたいという人も多い。だが、「君にとって成功とはどんなもの？」と尋ねると、答えられる人はほとんどいない。成功がどんなものかわからなくてどうやって成功するのか？　曖昧な目標がよくないのは、人によってその意味がまったく違ってしまうことだ。

金銭的な自由、心の安定、内なる平和、良好な人間関係、自己効力感、こうした言葉が意味していることは何か？　まだまだ具体的じゃない。君が考える経済的に自由になれる金額は、他の誰かにとってはちょっとした金額に過ぎないかもしれない。自分の成功はどんなものか細かいところまではっきりさせよう。今すぐ考えてみよう。

ほとんどの人はやりたいこと、やりたい時、一緒にやりたい相手、程度しか決めていない。だが実際はもっと細かい望みを持っている。もし君が行動を起こすのが難しいと感じるなら、欲しいものが明確でないことに原因があるのかもしれない。何かを手に入れようと頑張ろうにも、その何かがはっきりわからなければ動機を持つのはとても難しいだろう。

もしそうなら目標を具体的に決めるのに役立つ質問を自分に投げかけてみよう。

◆君は何のために存在しているのか？

夢中になれる何かを追求している時、僕らは勢いに乗り、やる気に溢れ、充実している。だが多くの人は本当の情熱に従って生きてはいない。彼らは落ち込んでいるわけではないが、この世界で何をすべきかはっきりわかってもいない。もし君がこの状態ならすぐに脱出しよう。

僕が大好きな日本の言葉がある。「IKIGAI＝生きがい」だ。その意味は「存在する理由」だ。

米国人の起業家、マーク・ウィンは「生きがい」という図を考案し、人生の意義は四つの領域が重なる部分だということを示した。それは四つの質問からわかる。

1　君が愛するものは何か？
2　君の得意なことは何か？
3　君がお金を稼げる行動は何か？
4　この世界が必要とすることは何か？

ちょっとブレインストーミングしよう。「生きがい」の四つが何であるかに答えて君の情熱と目的を炙り出してほしい。大きいことも些細なことも、思いついたことはすべて書き出そう。仕事や事業のことだけじゃない。君が好きなことなら、人を助ける、読書する、アイスクリームを食べる、子犬と遊ぶ……全部リストに書き出そう。四つの質問にすべて答えたら、重複する答えを探そう。四つのカテゴリーすべてに重なるものが、君の「生きがい」、生きる理由、目的だ。

生きがい

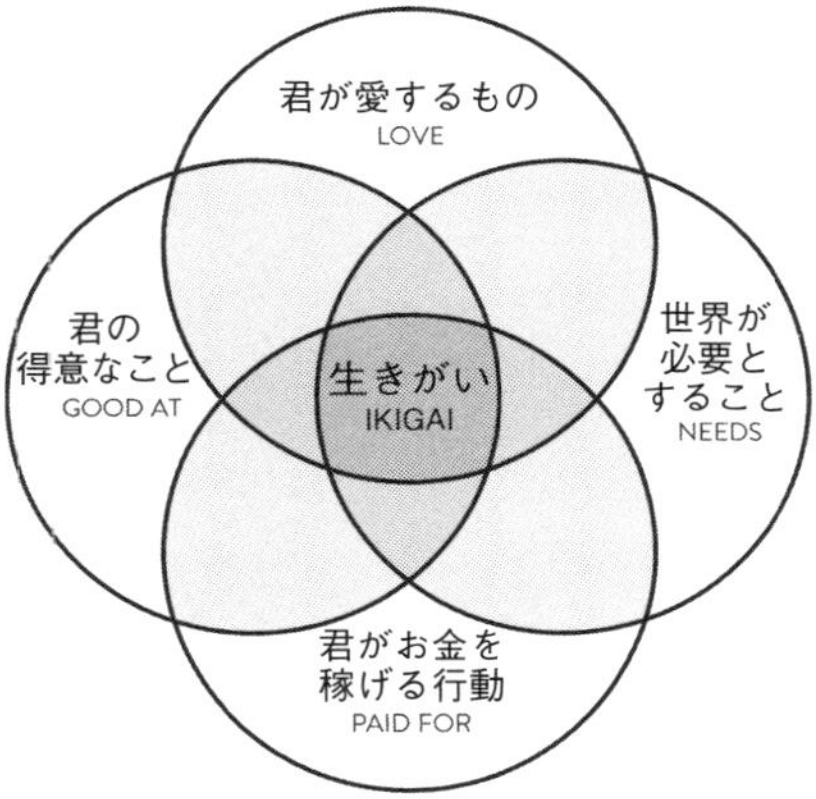

これをもうちょっと掘り下げたい。人々があまり気に留めていない質問がある。

「君が興味を持ち、学びたい、あるいはやりたいことで、お金にならなくても構わないと思うものは何か？」

これも、思いつく限りを書き出してみよう。どんな些細なことでもいい。興味を持つということは、そこに何かしらの情熱が隠れている証拠だ。

子供の頃に生きがいについて知っていたらとつくづく思う。僕は、今の仕事をしていなかったとしてもやはり人間について研究していただろう。僕にとって人間は刺激的だ。僕は人間の脳、神経学、心理学、乳幼児期の子供の発達に興味があり、人を観察し、彼の人格がどのように形成されたのかを探るのが大好きだ。それが今の仕事に情熱的に取り組んでいる理由だ。君が何かに熱中できるのは、その結果が君や君の家族の人生、あるいは世界に何らかの結果をもたらすからだ。

自分の情熱や目的がわからなくてもまったく問題ない。だが毎朝、目が覚めてから、それをぜんぜん気にかけないのはまずい。君に必要なのは、あまりにエキサイティングで思わず引っ張られてしまうような未来だ。情熱は君が想像する未来次第なんだ。

◆お金の心配がなかったら

目的は君の鼻先にぶらさがっている。どうやってそれに気づけばいい？　こう考えてみよう。子供の頃、どんなことでも可能だと思わなかっただろうか？　宇宙飛行士でも王侯貴族でも、何ならその両方でもなれると思っただろう。成長するにつれて現実とそうでないものの区別がわかってきて、自分を抑えるようになる。

自分の中のインナーチャイルドにチャネリングしよう。遠慮はいらない。思いきり夢想しよう。明日の朝目覚めると、スマホへの通知で口座に八〇〇億円が振り込まれたことを知る。何かの間違いじゃない。見知らぬ後援者さんありがとう。君の口座には八〇〇億円ある。さて何をする？

君が普通の人間なら、今まで欲しかったものを買い漁《あさ》るだろう。まず豪邸、次に世界中にいくつも家を買う。そこに行くための飛行機もいる。家のまわりを移動するための車も。欲しかった車を全部買おう。ボートもいいな。この状態がしばらく続き、君は欲しいものを買い尽くしてしまう。あっという間に二〇億円が消え失せた。だがまだまだ金は残っている。お金の心配はもう必要ないんだ。さて、次は何をする？　どうやって時間を潰そうか？

ここからは少し難しい。普段僕らが行なう選択はたいていお金がらみで、いかにたくさん儲けるか、だからだ。食べ物や住居や服を買う金を稼ぐために仕事をするのが僕らの現実だ。だがこの現実は、好きでもない仕事、情熱を燃やせないビジネスに僕らを駆り立てる。

「どんな時間の使い方をしたいか？」という質問が素晴らしいのは、情熱の問題に鋭く切り込んでくれるからだ。この質問は方程式からお金の要素を取り除き、自分が本当に欲しいものを探求させる。これはとてもいいことだ。なぜなら人間はもっとずっと多くのことができるからだ。なのに多くの人が競争社会に呑み込まれている。彼らは働き、家に帰り、食事を温め、ベッドに入るまでソファに寝転んでテレビを見る。そしてこれを延々と繰り返す。彼らはずっとこの生活に浸りきってきたため、何をすればいいのかわからない。そうならないために、君が本当に欲しいものを見つけよう。

「生きがい」のエクササイズの答えを見直して、目標を書き出し、リストを作ろう。

なぜ書き出すのか？　研究によれば、目標を書き出すとより具体的になり、君がそれを追求し、手に入れる可能性が高まるからだ。[1] 詳しく明確に書こう。細かすぎるなんてことはない。君は、やるべきことを正確に知っておく必要がある。ただし、自分の欲しいものを知ることは、長い戦いの半分でしかない。これで終わりじゃないんだ。この辺をもっと深掘りしていこう。

◆「なぜ？の7段階」で真の望みを発掘せよ！

目標を書き出すことで君がそれを追求する可能性は高まるが、そこには何の保証もない。たいていの人々は何も達成できず、得ようとしたものも得られないのが悲しい現実だ。理由は彼らが、自分はなぜ挑戦しているのかわかっていないからだ。目標達成には感情的な思い入れが必要だ。

僕がコーチを始めた頃、あるクライアントと彼の目標について話したことがある。彼はもっと金を稼ぎたいと言った。これはこれで素晴らしい。しかし目標としては曖昧だ。僕は少し探りを入れた。

「なぜ金を稼ぎたいんだい？」

「借金から自由になって財政的に安定したいんだ」

「そりゃ素晴らしい。でもなぜ安定したい？」

「家族を養いたいからさ」

「それも素晴らしい動機だ。でも何で？」

やりとりは延々続き、僕らはどんどん深く降りていった。お金が欲しい、という曖昧な目標の奥には、別れた奥さんとの親権争いのためにもっと多くの金が必要だという事実が潜んでいた。彼の稼ぎがよくないせいで、二人の子供は別れた妻と一緒に街の貧困地域に住んでいた。彼は無意識に、この

強力な動機
真の望み
7
6
5
4
3
2
1
なぜ
?

環境が子供に悪影響を与えるのではないかと恐れていた。悪い環境のせいで道を誤ったり、危険な目に遭わないか心配していた。子供たちをこの環境から救い出し、よりよい生活をさせることが彼の望みだった。そのためにももっと稼いでマイホームの頭金を作り、養育権を取り戻す必要があった。お金を稼げれば、彼の想像する最悪の事態が現実にならず、子供たちに成功するチャンスを与えられる。目標を達成すれば子供たちの人生はまったく変わる。子供のためという理由により彼はいっそう必死で働いた。心の底に潜んだこの理由は、単なる「お金が欲しい」よりもずっと強力な動機になった。お金ではなく、子供によりよい人生を与えることが彼の目的だったのだ。

僕のポッドキャストで、priceline.com を創設した億万長者、ジェフ・ホフマンをインタビューしたことがある。彼は、よく似た手法をセールスチームのスタッフに使ったという。ジェフは彼の部屋を訪れたスタッフに、欲しいものは何かを尋ねる。答えはたいていお金だったが、彼は次々質問を浴びせ、真の理由を探り出す。ある従業員は母親のために家を買いたかった。彼女は家族によりよい生活をさせるためにプエルトリコから移民し、現在はフロリダのアパートに住んでいた。彼女の望みは自分の家を持つことで、その夢を何とか叶えようと奮闘していた。

ジェフは彼女に、理想の家の写真を見つけ、それをデスクに貼るようアドバイスした。そうすれば毎日それが目に入る。ジェフは彼女のデスクを通りかかるたび、売上について尋ねる代わりにこう聞いた。「お母さんのための家にどのくらい近づいた?」

僕のクライアントもジェフの従業員も、お金は真の目標ではなかった。本当の目標はお金の使いみち、つまり愛する人々の人生を変えることだった。

君の目標がより大きく、意味あるものとつながると、朝五時に起き、遅くまで残業するために自分を鞭打つ必要はなくなる。君はただ、自分の目標を叶えたいんだ。それが自分の、そして愛する人々の人生を変えると知っているからだ。

自分の欲しいもの、奥にある動機が何かわからない場合、次のような「なぜ？の7段階」が助けになる。リストの最初の目標から始めよう。まず自分に尋ねる。「なぜそうしたいのか？」。答えを書いていこう。そして「なぜ」を問い続け、少しずつ核心に近づこう。なぜを七回繰り返し、何に行き着くか見てみよう。目標をまったく別の角度から見られるようになったんじゃないか？

一度自分の目的につながると、未来に引っ張られる感覚が芽生える。あとはそこを目指して引かれていくだけだ。もうモチベーション（動機）について心配する必要はない。

◆モチベーションとドライブ

ところで、モチベーションとドライブ（原動力、動因）の違いは何だろう？　モチベーションがキャンプファイアーに点火する火花だとしたら、ドライブは一晩中燃え続ける太い薪だ。モチベーションこそ行動のカギだと信じている人は多い。モチベーションを上げる方法についての質問は毎日山ほどくるが、皆ポイントがずれていることに気づいていない。モチベーションは君が行動を起こすために大事なものだが、ドライブは一貫性をもって行動を続け、目的まで運んでくれる力だ。

モチベーションのある人とドライブがある人では大きく違う。それはその人の目に、声に、そしてボディーランゲージに表れる。ドライブはどんなことがあっても行動をやめないという感情だ。映画でよくある、いなくなった子供を必死で探し続ける母親、彼女を突き動かすのがドライブだ。

目標を果たすために自分を奮い立たせる必要なんてない。必死に気力を絞り出すこともない。全身全霊でできることをすべてやる。取り憑かれたように行動する。これがモチベーションとドライブの違いだ。代わりの目標なんてあり得ない。そんなものは目的を惑わすだけだ。目的を達することだけが唯一の選択だ。

僕の友人がこう言った。「なかなか減量できないのは時間がないからよ」。いつも正しい食事とエクササイズをしようとしているのに、結局、時間が取れなくなるそうだ。確かに彼女は仕事と子育てに時間を取られている。すべてをやり終えたあとは疲れきっていてエクササイズする気力もない。一日の終わりには、今日も時間切れになってしまったと嘆く。

そこで僕は切り出した。

「子供に食事を与えるのを忘れることはどのくらいある？」

「忘れたりしないわよ！」彼女はムッとして言った。「子供の食事を忘れるわけないでしょ！」

「つまり、優先順位が高いんだ？」

「もちろんよ」

健康のために減量し長生きすることも、子供に食事を与えるのと同じくらい優先すべきなのに彼女はそうは思わないらしい。そういう人は彼女だけじゃない。目標を達成できないことを時間のせいにする人は多い。君も身に覚えがあるんじゃないか？

ある目標は明らかに優先されるべきなのに見過ごされる。そしてそれが、人々が目標達成できない原因だ。

◆「時間がなくて」は責任逃れ

僕のコーチは「時間がない」と言う代わりに、「時間がないから何だっていうんだ！」と言って、その行動に対する僕の見方が変わるか見てみるようアドバイスしてくれた。ちょっと乱暴な言い方ですまない。でもこれこそ僕らに必要な言葉だ。

僕らは皆、大事なことには時間を割く。もし君がエクササイズの時間を取らないなら、それは君にとってあまり重要じゃないということだ。ビジネスを立ち上げるための時間を作らないなら、ビジネスにそれほど価値を感じていないのだ。奥さんや子供と素晴らしい関係を保つ時間を取らないのは、本当はそれらは大して重要じゃないと思っているからだ。自分にとって大事なものには、君は喜んで時間を作るだろう。大事でないものにはやらない言い訳を考える。

望む人生が欲しいならそれを優先すべきだ。「時間がなくて」なんてセリフは最悪の責任逃れだ。自分以外のものに責任を押しつけているからだ。君は時間の犠牲者のつもりかもしれないが、それは違う。犠牲者ではなく時間の使い方が下手なだけだ。

君は運転席に座り、望む人生の実現に「イエス」と言うべきだ。何かが起きるのも起きないのも、すべて君の責任だ。そして、自分の背中を押して希望を実現するために必要な行動をするには、欲しいものを具体的に知っておくことだ。目的がなければ道に迷ってしまう。朝起きた時、まず目標にフォーカスし、望む未来に導いてもらおう。

【ノートに書き出してみよう】

・究極の成功を手に入るとして、それにはどんな意味がある？　実現したらどんな気持ちがする？　それはどんなふうに見える？　それはどんな味わいだろう？　できる限り細かく想像しよう。

・君にとってもっとも大事な目標は何か？　詳しく具体的に表現しよう。

・目標を実現したらどんな気分になる？

・お金の心配がないとしたら何をする？

＊https://robdial.com/levelup/も参照してみよう。

第4章
視覚化——行動への架け橋

◆視覚化のパワー

僕が一三の時、友達のエディーが率いるチームとバスケットの優勝決定戦を争うことになった。エディーは僕よりずっとうまく、チームで最高の選手だった。僕も自分のチームでは一番の選手だったが、まずいことに前の晩、ひどく緊張してしまった。母に、エキサイトしてる？　と聞かれた時、答えたものだ。「いや、正直言ってビビってる」

当時母は、自己啓発の本の著者であり講演者のトニー・ロビンスのテープを聴いていた。僕はロビンスを、太い声でもったいぶったアドバイスをするイタい男くらいに考えていた。母が聴いているテープなんてくだらないと思っていた。そして今の僕は、彼と同じビジネスをしてる。その上、二三年後には自分のポッドキャストで彼にインタビューまでした。まったく人生はどう転ぶかわからない。

それはさておき、母はロビンスを通して視覚化（ビジュアライゼーション）について知っていた。僕が「ビビってる」と告白すると、母は教えてくれた。

「自分の部屋で「視覚化」をするといいわ」

僕は聞いた。「どういう意味？　バスケットの試合をどうやって視覚化するのさ？」

「理想のゲーム展開を想像してみるの。そうすれば試合が始まる頃にはそれが現実に起こったみたいに感じられるわ。恐れの気持ちは消え失せているはずよ」

僕はバスルームの床に横たわり、頭の中で想像の試合を始めた。やったのはせいぜい五分くらいのはずだが三〇分にも感じられた。そして、たったこれだけなのに劇的な効果があった。試合の結果は忘れてしまったが、とても落ち着いてプレイできたのは憶えている。なぜならすでに心の中でそれを経験していたからだ。

◆網様体賦活系（RAS）とは何か

僕は未来を心配するのをやめ、強さをくれる未来を想像した。まるで魔法みたいだったが、それにしっかりした生物学的根拠があることは知らなかった。あとでわかったことだが、あの時の僕は、脳の網様体賦活系（RAS）と呼ばれる、脊髄の上の小指大の部位に働きかけていたのだ。これは誰でも使えるテクニックだ。ちょっとやってみよう。

今から二〇秒ほど、部屋の中を見回し、目に入る赤い物体を数えてみよう。

赤はいくつあっただろうか？

さて今度は、周りを見回さないで部屋にあった茶色のものを思い出して数えてみよう。

赤いものは覚えていても、茶色はどうだろう？　あまり思い出せなかったのではないか？　それは君が茶色の物体に注意を向けていなかったからだ。赤いものを探していたのだから。僕たちは、自分が見ようとするものしか見えないんだ。僕たちの脳は常に数兆ビットの情報を取り込んでいる。[1] 君には今、何が見えているだろうか？　何が聞こえるだろうか？　何に触れている？　匂いは、味はどうだろう？　外から入る情報はあまりに大量で、脳は絶対に処理できない。数兆ビットの情報のうち脳が集中できるのはわずか四〇か五〇だ。それ以外はすべてふるいにかけられてしまう。そしてこの役目を果たすのが網様体賦活系（RAS）だ。それはちょうど入り口に立っている用心棒のようなものだ。この用心棒は、誰を入れて誰を追い出すかどうやって決めているのか？　意識していないだろうが、それを決定しているのは他でもない君だ。

例を挙げよう。僕は車には大して興味がなかったが、最近新しいトラックを購入した。僕が買ったフォード・ラプターはリード・フット・グレーという色で、それまで見たことがないものだった。でも乗り始めてすぐ、フォード・ラプターが目につくようになった。リード・フット・グレーのものもやたらと見る。どうやら思っていたほど奇抜な色ではなかったらしい。なぜこんなことが起こるのか？　注意を向けていないものは目に入らないからだ。そして逆もまた真なりだ。

以前、友人のライアンのフェイスブックのプロフィールに遭遇した。フロリダ時代に一緒に高校に通った仲だが、かれこれ一〇年も会っていなかった。二分かそこら、彼の書き込みを読んだが、その後すぐに忘れてしまった。翌日、コーヒーショップにいた僕は、ライアンにそっくりな男を見かけ、思わず声をかけそうになった。その時男が振り向き、ライアンでないことがわかった。前日に彼のことを考えたせいで、僕の脳はライアンに焦点を合わせていた。脳が何かにフォーカスすると、答えや解決案を探し始める。僕の場合はライアンとつながりのあるものを探していたということだ。

◆RASを利用すると世界が変わる

スタンフォード大学の神経科学者、アンドリュー・ヒューバーマンは僕のポッドキャストに出演し、RASがどのように外の世界の情報をふるい分けているのか説明してくれた。その仕組みは、脳内の化学物質が神経システムに働きかけ、君が脳に指示した通りのものを見つけ出すというものだ。これは感謝の気持ちがポジティブな影響をもたらす理由でもある。感謝することでセロトニンがより多く作られ、自分を取り囲む環境が心地よく感じられるからだ。また、コンサートやスポーツイベントの、人々が話していて言葉が聞き取れない人混みで、誰かが君の名を呼んだらすぐ気がつくことも説明できる。アセチルコリンやエピネフリン（アドレナリンの別称。交感神経の働きとともに分泌されるホルモン）といった物質が、脳が大切だと認識している情報に素早くフォーカスさせてくれるからだ。

RASはまた、君のアイデンティティや思考体系に合う情報やパターンを常に探し続ける。意識していようといまいと、このシステムを設定したのは君だ。君が用心棒に金を払い、自分が注意を向けている情報だけを入れるよう指示しているのだ。ポジティブかネガティブかは関係ない。

ニュースを見て世界が壊れていくような情報ばかり仕入れていると、世界は破滅に向かっていると考えてしまう。誰と話すか、誰と付き合うか、どんな時間の使い方をするかはとても重要だ。ネガティブな思考に囲まれ、犠牲者のメンタリティーを持ち続けていると、物事は自分の意思とは無関係に起こるように感じ、自分がそれを選択しているとは考えない。脳はネガティブがデフォルトになっているため、この傾向は努力しない限り変わらない。

だが脳のパラメーターをセットするのは君だ。台本を書き換え、別のものにフォーカスすることは可能だ。君はもっとポジティブで、自分が望むものに意識を向けられる。すると君のＲＡＳはそれを探し認証する。その結果、君の人生はポジティブに満ちたものになる。すべては自分への問いかけ次第だ。

脳は問題を解決し、どんな質問にも答えを出してくれる。解決できない問題は脳にとって脅威だからだ。ネガティブ、恐れ、罪悪感、羞恥、これらは解決しなければならない問題、答えを見つけるべき質問だ。こうした脳の働きを阻止しようとするのは無駄なことだ。君は確実に負ける。無意味な努力をするよりも自分への問いかけを変える方がずっといい。すると自分の感じ方が変わり、その変化は君がするあらゆることに影響を与え、君は行動したくなる。そしてポジティブ思考の連鎖が始まるのだ。

仕組みはこうだ。君は仕事を辞めて起業しようとしている。だが心配なのはお金と、自分の能力への不安だ。まあ自然なことだ。君は心の中で繰り返す。「もしかして破産するかも」、「予想もしないことが起こるんじゃないか?」。これが始まると脳はグーグルよりも速く、あらゆる「失敗につながる要因」を探し始める。君はそれに集中力を傾け、ＲＡＳは「何かまずいこと」を現実にしようと努める。それが君の探しているものであり、見つけるのがＲＡＳの仕事だからだ。

◆ポジティブな質問に変えてみよう

そこで必要なのが台本の変更だ。ネガティブな質問の代わりにこう問いかけよう。「なぜ今仕事を辞めるべきなのか?」あるいは「このビジネスを成功させるためにどんな資質が必要か?」

ポジティブな質問だけに集中しよう。それらを日記に書き出し、必ず毎日続けよう。要は、脳が君にとってポジティブな答えを探してこざるをえないような問いかけをすることだ。

君が「自分は成功に値しない」というアイデンティティを持っているとする。こんな時は「自分は失敗するのではないか?」という質問を、「なぜ自分は成功するに足る人間なのか?」あるいは「成功をどのように活かせるか?」、「成功すると僕や家族の生活はどう変わるか?」などに変えよう。

自分は悪い親なんじゃないかと思っているなら、脳が反対の考え方をするような問いかけをしよう。「子供の人生をより良くするために今日一日何ができるか?」、「今日はどんなふうに子供たちに寄り添ってやろうか?」、「どうすれば親として自分の強みを発揮できるか?」。

意識を自分が望むもの、行きたい方向に向けておくことだ。そうすればその未来が引きつけられ、チャンスが来た時すぐわかる。自分への質問は君が集中する対象を変え、集中の対象が変われば気分が変わる。

だがもう一歩先に行く方法がある。バスケの試合の前に母が授けてくれた、望む未来を想像し、それに引きつけられるように脳をセッティングする最高の方法、視覚化(ビジュアライゼーション)だ。

一三歳の僕がやったバスケの決勝戦の視覚化は、特に目新しいことではなかった。運動選手は長年この方法を使っていたし、トップクラスのアスリートは今でもやっている。これは決してオカルトじゃない。視覚化（心象イメージ）が運動能力を上げることは多くの研究が裏づけているし、新しい技の習得能力が向上することも証明されている。二〇一七年の研究では、視覚化は外的要因でやる気を向上させるよりもはるかに効率的なことが示されている。[2] 秘訣は、結果だけでなくその過程に集中することだ。

人間は結果や事実によって突き動かされる動物だ。何かに挑戦する前にそれがうまくいく保証を求める。保証がないと動きたがらない。脳は、やったことがない行動を恐れる。僕らを守るという役目からすれば当然だが、それはありもしない限界を作り出してしまう。

◆限界に縛られるな

一九五四年以前、一マイル（約一・六キロ）を四分以下で走るのは不可能だと考えられており、それを成し遂げた選手はいなかった。専門家も医者も、口を揃えてそれは物理的に不可能だと断言していた。人々は、そこまでやったら心臓が破裂すると思っていた。もっとも知識豊富だとされた人々がそう言っていたのだから一般の人が信じ込むのも無理はなかった、ロジャー・バニスターが現れるまでは。一九五四年、バニスターは一マイルを三分五九・四秒で走りきり、「不可能」が可能なことを証明した。

この話のすごい所は、バニスターが四分を切ったことじゃない。バニスターの記録の三カ月後、二人目が四分の壁を破り、その後の二年間になんと三〇〇人があとに続いた。

どうしてこんなことが起こったのだろう？　一九五四年から五六年の間に人類が驚異的に変化し、

速く強くなったのか？　肺の容積が増えた？　そんなわけはない。人々の限界に対する考え方が変わったのだ。一マイル四分を切る能力は存在していた。それを信じる人々がいなかっただけだ。それが人々を縛りつけていたんだ。

昔の人は空に舞う鳥を見て、空を飛べたらどんなにすごいか夢想した。だがそれは実現しなかった。不可能だったからだ。そして一九〇三年、ライト兄弟によって空飛ぶ機械が作られ、可能なことが証明された。

人々は、人間が宇宙空間に行くことも不可能だと思っていた。一九六一年、ソ連の宇宙飛行士、ユーリ・ガガーリンは宇宙に行った最初の人類になった。人々は人間が月に降り立つなんて絶対無理だと思っていた。一九六九年、ニール・アームストロングは月面を歩いた最初の人間として名を残した。

君のポケットのスマホよりもはるかに遅れたテクノロジーで、時速三二〇〇キロで地球を廻る三二万キロ離れた岩くれに有人のロケットを送り、そこから無事に地球に戻るという芸当ができるのに、君の夢が実現できないなんてどうして言えるのか？　そんなのは理屈に合わない。

君が自分に語りかけている、「事業を立ち上げたり成功するのは不可能だ」という物語について考えてみよう。

自分の限界を信じ込んでいるのはある意味楽だ。それは君のコンフォートゾーン内にあって、危険を犯す必要がないからだ。ソファに寝転んでインスタグラムやテレビを見ている方がずっといい。不可能に挑戦するのは時間の無駄だ。

僕らが信じる限界は、行動を起こさない理由、つらいことをやらない理由をくれる。それは自分で自分に語りかける物語になり、僕らはそのパターンにはまり込んでしまう。そしてそれはアイデンティティの一部になり、自分が信じる自分という幻影になる。僕らはその思考の中に閉じ込められる。これも僕らが自分を縛りつける方法の一つだ。

視覚化は僕らに行動を起こす心の準備をさせてくれる。それは心を言いくるめ、可能だと思い込ませる。望む生活はすでに現実になっていると脳に思わせることで、そういう人生を目指すための行動がずっと簡単になる。

ちょっと想像してみよう。君は今、年六万ドルを稼いでいて、転職を考えている。この場合、年収がこれ以下になる可能性は少ない。自分には六万ドルの価値があるのを知っているからだ。自分の価値を自覚するとどうなるか？　価値を下回る物事を受け入れなくなる。それが君の新しい基準となるんだ。視覚化は心の中の基準を持ち上げ、君を奮い立たせる強力なツールだ。だがそれだけじゃない。欲しい未来を視覚化するだけでなく、もう一歩踏み込んで、以前は不可能に思えたことを当たり前に感じることも可能になる。

◆未来をノーマライゼーション（常態化）しよう

未来の目標は視覚化できるものだ。そして目標達成がもたらす果実は、ノーマライゼーション（常態化、あたかも日常であるかのように振る舞うこと）できるものだ。

君の目標がビジネスを成功させることなら、まずどういう展開でそうなるか、実現したらどんな気分かを視覚化する。それがうまくいったら今度はそのためにできることをノーマライズする。するとそれは君だけの体験になる。

僕と僕のガールフレンド（今の妻）は、六カ月だけローマに移り住もうと常々話し合っていた。二〇一六年になって、一年後ついに実行する決意をした。移住が本当に可能か、実を言うと完全には信じられなかった。ビジネスが上向いてきた時だったし、新しい家も買ったばかりだった。膨大な調整も必要だった。でもどうしてもローマに行きたかったのでいっさいの言い訳をやめた。二〇一七年の初め、僕は七月一日までに引っ越すことを誓った。それは自分の一番の目標になり、僕は取り憑かれたように事に当たった。この目標を毎日視覚化した。それも五感をフルに使って強力にやった。

まず、ローマのどこに住むかをはっきり決めた。Expats in Romeというフェイスブックのグループに入り、住もうと考えていた地域の人々と交流し、膨大な助言をもとにトラステヴェレという地域を選んだ。グーグルのストリートビューを使って新しい近所を歩き、今までにないレベルで視覚化した。僕は近所にコーヒーショップを見つけた。オースティンの自宅で毎朝コーヒーを飲む習慣があった僕は、その味と香りを利用して、ローマのコーヒーショップでコーヒーを楽しんでいるのを視覚化した。ローマの生活を再現するのに音も利用した。ヘッドフォンで「ローマの音」という音声を聴いた。毎朝ローマの通りを思い浮かべ、コーヒーショップを訪れた。家でローマの雑踏の音を聴き、自宅でコーヒーを飲みながら、想像のローマの街角でカップをすすった。頭でローマを視覚化し、舌でコーヒーを味わい、香りを楽しみ、街角の音を聴き、手の中のマグカップやシートの感触を実感した。朝起きて、五感をフルに使ってローマにいる気分を味わうのが楽しみになった。

この手法は君の脳や体を言いくるめて目標が実現可能だと思わせるだけでなく、積極的に行動させてくれる。そして問題ではなく可能性に脳をフォーカスさせてくれる。これを数カ月続け、ワインや料理、匂いや音を視覚化するうちに僕はいよいよローマ行きに夢中になり、七月一日まで待てなくなった。心に渦巻いていたさまざまな疑いも、当初気になっていた問題もすべて大したことなく思えてきた。

必要な準備に熱中したため、ローマ行きは一カ月早まった。僕はすっかり高揚し、気分は「本当に行けるのかな?」から「早く行かなくちゃ」に変わっていた。そこには苦労も苦闘もなかった。僕は欲しい未来に引っ張られていた。

このプロセスが「ノーマライゼーション」だ。僕は何年も前からそうと知らずにこれを行ない、その強力な効果に気づいていた。

ダン叔父さんはフロリダのシエスタ・キーにある美しい高級居住地に住んでいた。子供の頃、叔父さんを訪ねては、従兄弟とゴルフカートに乗って周りの豪邸を見て回ったものだ。そんな時、僕は心の中で呪文のように繰り返した。「いつかこんな豪邸に住むぞ。いつかこんな豪邸に住むぞ。いつかこんな豪邸に住むぞ」。当時はその意味に気づいてなかったが、それはまさにノーマライゼーションだった。僕は見晴らしのよい海岸沿いの巨大な家やフェラーリに囲まれた環境に浸り、味わっていた。

数年前、僕はオースティンに引っ越したが、そこは最高の環境というわけではなく、すぐにもっといい場所に移りたいと思うようになった。よりよい環境と家を見つける前に、素晴らしい地域に住んでいる感覚をノーマライズするために、ポジティブな視覚化のテクニックを使うことにした。そういう地域をドライブし、街角や家を観察し、雰囲気を感じとった。探索の目的は豪邸や車を物質的に崇拝することではなく、その地域をいくらかでも体験することで、その生活をノーマライズすることだった。

今僕は、その頃、夢見て歩き回った地域の一つに腰を落ち着けている。

オースティンに住む僕の友人は、このやり方をさらに進化させた。

彼には住みたい地域があった。ある時、彼はそこにまだ建設中の豪邸を見つけた。ちょうど週末で建設業者はいなかった。彼は車を停め、敷地内を歩き回った。プール付きの豪邸で、丘の下にはオースティンの景色が広がっていた。彼にとってまさに夢の家だった。どうしてもそこに住みたくなった友人は、仕事が終わるとよくそこまでドライブした。こんな言葉をつぶやきながら。「僕は家に帰るところだ、僕は家に帰るところだ、僕は家に帰るところだ」。また、自分がその家に住み、部屋から部屋へ歩き回るところも視覚化した。やがて彼はそういう家に住んでいるという感覚をノーマライズし始めた。

そうこうするうちに家は完成し、誰かがそれを買った。数年後、友人はその家が売りに出ているのを知り、買うことを検討した。最初、住宅ローンの審査に通らなかったが彼は諦めず、ポジティブに考え続けた。「これは僕の家だ。これは僕の家だ。これは僕の家だ」。六〇日後、彼の事業は上向き、ローン審査にパスするまでになった。最初に視覚化を始めてから四年後、家は彼のものになった。

◆視覚化の力を利用しよう

そんなの偶然だよ、と君は言うかもしれない。だが僕は、そこに底知れない何かがあったのだと思う。

君の望みはなんだろう？　素晴らしい恋愛を望んでいるのに、子供の頃に接した関係がそれとは真逆のものだったため、君のアイデンティティは君に健康で愛に満ちた関係など無理だと信じ込ませているかもしれない。そういう時は、健康で愛すべき関係を実現している人々と接してみよう。理想的な関係とはどんなものかわかり、それを身近に感じられるだろう。

よりよい親になろうとしているのに、子供の頃の体験のせいで自分がそうなれる気がしない？　素晴らしい親と付き合って、いい親というものをノーマライズしよう。いつかポルシェが欲しい？　今すぐ試乗に行こう。住みたい都市、場所がある？　その地域のエアB＆Bに泊まってみるんだ。

君の目標が何だろうと、視覚化の時に感覚をフルに使い、豊かな経験をすることだ。海辺の家に住みたい？　コーヒーを飲みながら海の眺めに見とれている所を視覚化しよう（今はひたすら想像しよう！）。暖かければ外に出て、太陽を肌で感じてみよう。海の香りがするキャンドルを買ったり、ヘッドホンで海の音を聴くのもいい。視覚化は心にとって重要だが、現実世界でそれを実践するには体も使う。本気でアイデンティティを変えたければ心と体の両方を利用しよう。心に伝える物語と体を使ってする行動は、アイデンティティを変え、理想の自分に近づくための強力コンビだ。

視覚化を日々の習慣にしよう。毎日一〇分間、望む未来を視覚化しよう。初めてなら以下を参考にしてほしい。

1　六回深呼吸しよう。

2　想像の体験に感情を込めると、脳と体が反応しやすくなる。僕はいろいろなグループでこの練習を行なったが、感謝の気持ちは感情を高める上で一番強力だ。愛する人か物を思い浮かべ、幸福と喜びの感情を視覚化のプロセスに持ち込む。未来を視覚化している時に、もうそれを実現していると感じて感謝の念が溢れ出すのはよくあることだ。未来を恐れることができるなら、未来に感謝することもできるはずだ。まだ起こっていない未来に感謝する訓練をしよう。
3　君が望むもの、視覚化・ノーマライズしようとしているものを、これ以上ないほど明確にしよう。
4　そのシナリオを想像しよう。本当にその場にいると感じられるほど、細かな感覚を設定しよう。
5　この練習を毎日続け、脳に刷り込もう。君はやがて、「僕は○○が欲しい」から「僕は○○を手に入れる」に感じ方が変わったことに気づくだろう。それは君が未来に「引っ張られて」いる証拠だ。

望む未来を思い描く時、自分が成し遂げようとしていることを、より身近に思うだろう。そして自分が築き上げた人生に誇りと興奮を感じるようになる。

◆未来を想像してエネルギーを引っ張りだせ！

ポジティブな視覚化をしていて気分が高揚したら、君は刺激的な未来を思い描いているということだ。逆に、そんな未来は実現不可能だと感じて落ち込むなら、未来のネガティブな可能性を想像している。君は意識を向けるものを選択できるんだ。

さまざまな業界のビジネスオーナーや企画者と会っているうちに、一つ発見したことがある。ビジネス成功のカギはオーナーのマインドセット（考え方）だということだ。

オーナーの考え方が正しくなければ、どんな業界でもビジネスは回っていかない。ビジネスオーナーたちにどんな不安を抱えているか聞くと、たいてい同じような答えが返ってくる。「クライアントと契約したのに彼らの望む結果が出せないかも」、「誰かがノーと言うかも」、「ビジネスを成長させ、よいチームを作れるか心配だ」、「誰かをクビにしなきゃならなくなったらどうする？」。

こうした恐れや弱気な態度は彼らのボディーランゲージに表れる。こうした話題になると、彼らの態度は急に変わる。理由は、僕たちが自分が想像する未来からエネルギーをもらっているからだ。不安を感じるのは、緊張の未来を想像しているからだろう。

夢の中でジャングルを歩いていて、三〇メートル先にトラを見つけたとしよう。立ち止まって音を立てないようにする。トラは最初気づかず反対側に歩いていく。助かったと思った瞬間、目が合ってしまった。トラは君をじっと見つめ、ダッシュしてきた。君は逃げ出すが、トラはあっという間に追いつく。音で背後にトラが迫ってくるのを感じる。息づかいまで聞こえてきそうだ。肩越しに振り向くとそれは宙を舞っていた。トラが口を大きく開け、君を押し倒そうとしたまさにその時、君はベッドで目覚める。夢だとわかるまで少し時間がかかった。動いてもいないのに息が切れ、汗びっしょり、鼓動は限界を超えている。君はずっとベッドに横たわっていたのに、体はさっきの夢が現実であるかのように反応した。

心は想像力だけでこうした感情を体の中に生成する。マックスウェル・マルツも言っている。「神経システムは現実と生々しい想像の区別をつけられない」。そしてこれが起こるのは眠っている時だけじゃない。

僕は今、机に向かってこの文章を書いているが、心を早送りして、ビジネスを大成功させたあと、それが地に落ちる未来を想像することもできる。驚くべきことに、体が放出するコルチゾール（ストレスを感じた時に交感神経を刺激し、体の緊張状態を保つホルモン）やエピネフリンなどの化学物質によって、ビジネスが失敗した時の感情を今この瞬間に体験できる。これがどんなにすごいことか考えてみよう。第1章で見たように、人は差し迫った危険がない時でもまだ来ていない未来を想像し、不安になってしまうんだ。

人類は地球上の生物の中でももっとも複雑な存在だ。想像力を使って自分の未来を創造するものすごい能力を持っている。残念なのは、僕らは時にその使い方を間違えて、望む状況ではなく望まない状況に意識を向けてしまうことだ。こうなると行動を起こすのが難しくなる。使い方が悪いせいで多くの人が恐れる未来を想像し、それを避けようと躍起になる。誰が好き好んでストレスだらけの未来に向けて行動するだろう？

どんな未来を想像しようと君はそこからエネルギーを引き出し、それを今、現実として感じる。だから君は、どんな未来を想像するかについてもっと慎重であるべきなんだ。

世の成功者は自分が望む未来を思い描くことがうまく、また起こって欲しくない未来について思い悩んだり、失敗する未来を恐れたりしない。ネガティブな未来を想像する脳の部位をオフにしたり抑え込めれば、情熱、動機、目標を明確にし、視覚化を使って望む未来からエネルギーを引き出せる。

努めて未来に起こってほしい物事について考え続けよう。ビジネスが成功したらどんなに誇らしいか想像しよう。それが世界にどんな影響を与え、家族にどんな利益をもたらすかを考えよう。それは君の体の中のエネルギーを変え、尻込みさせるかわりに望む未来に引っ張ってくれるだろう。このコンセプトを理解してコンフォートゾーンから抜け出し、素晴らしき未来に向かっていった人々を僕はたくさん見てきた。

この章のポイント

◎目標が何だろうと、視覚化をより豊かな体験にするために五感をフルに使おう。
◎まだ起こっていない未来に感謝する訓練をしよう。
◎どんな未来を想像しようと君はそこからエネルギーを引き出し、それを今、現実として感じる。
◎ビジネスが成功したらどんなに誇らしい気分か想像してみよう。

【ノートに書き出してみよう】

・君の理想の未来はどんなものだろうか？　それが実現したら君は何をする？　いつ、誰とそれをするだろうか？

・脳の網様体賦活系（RAS）に君が欲しい情報を伝えよう。それを見つけてもらうために、君は何に集中する？

・目標を実現したら、君はどんな果実を手に入れる？

・視覚化する時、自分の五感をどのように利用する？

＊https://robdial.com/levelup/も参照してみよう。

PART 2

どうやって行動を起こすか

ここまで読んで、人が恐れを抱く理由、自分に語る物語、目標がはっきりしないと行動できないこと、そして心の中のブロックを取り除くツールなど、もろもろ理解できたのではないかと思う。次は、理想の人生に近づくための戦略について話そう。

第3章で望む未来の具体的なリストを作った。長期目標を持つのはいいことだが、五年後、一〇年後、あるいは二〇年後の未来について限定的に思考するのは間違っている。何を、どのくらいの期間、やらなければならないか考えはじめると圧倒され、結局、投げ出してしまうからだ。

これからは小さな物事にフォーカスしていこう。君を目指す場所に導いてくれる日々の実現可能な行動、いわゆるマイクロアクション（小さな行動）に集中するんだ。僕はこれを行動型目標（action-based goals）と呼びたい。

最初の目標は、より大きな目標に到達するために必要な行動を日々重ねることだ。日々のマイクロアクションは管理しやすい。また前進する力と達成感を生み出し、継続的な行動につながる。そして君はいつの間にか目的を達成しているだろう。

行動を起こす方法について、僕のお気に入りの言葉がある。ジェームズ・クリアーの『Atomic Habits』（牛原眞弓訳『ジェームズ・クリアー式 複利で伸びる1つの習慣』パンローリング）にある「君のすべての行動は、〝なりたい自分〟への投票なのだ」というやつだ。投票とはつまり、すべきこと、短期間のマイクロアクションのことだ。もっと言えば、今日何をすべきかを自分に尋ねること、さらにシンプルにすると、目標達成のために次の三〇分間にすべきことだ。今後一〇年について悩むより、次の行動を考える方がずっと現実的だ。

目標の実現は旅のようなものだ。目的地と必要な行動がわかっていれば（第5章参照）、目の前の障害を取り除き、スムーズに列車に飛び乗る準備が整うだろう。これには必要な行動をするために心を乱すものを消す方法を覚えることも含まれる。

気づいてないかもしれないが、君は今までの人生で集中を乱される習慣ばかり身につけてきた。この悪習慣から逃れるためにはちょっと努力が必要だ。でもそれは可能だ。第6章で説明しよう。

心を乱すものがなくなり腰を上げる準備ができたら、最初は小さく始めよう。そうすれば朝目覚めた時から小さな勝利を積み重ね、勢いをつけられる。やるべきことや自分の行動をもっと意識すれば、君の毎日はレベルアップのための行動で満たされ、目標にぐっと近づける。これは第7章で説明する。

人々にもっとも欠けているのは集中力だったりする。たった二〇分、心を乱すことなくじっと座って作業することさえひどく難しい。第8章では集中力を高め、極める方法を紹介する。君は毎日途切れることなく生産的になれる。

第5章
方向づけ——心のGPSをセットせよ

僕は「人生のヘッドライト」と自分で呼んでいる、あるツールを持っている。それはこんなふうに使う。

親しい友人のマイクはヒューストンに住んでいる。僕が住むオースティンから車で二時間だ。彼を訪れる時はたいてい夜間だ。当たり前だが、オースティンからヒューストンは見えない。もちろん途中の道もまったく見えない。あたりはすでに暗く、見えるのはせいぜい三〇メートル先までだ。僕はそこに意識を集中する。まず三〇メートルを走り切ると、次の三〇メートルに意識を向ける。

人生もこれと同じだ。僕たちは一〇年後はおろか、三カ月後、明日さえも正確には見通せない。見えるのは今日だけだ。ならば昨日より一パーセントだけでも進化しよう。ヘッドライトが照らす前方三〇メートルだけに集中するんだ。三〇メートル走ると次の三〇メートルが現れる。そしてそれは次々続いていく。

今まで君が何の行動も起こさなかったとしても問題はない。大事なのは君が今どこにいて、どこに行きたいかだけだ。未来を思い悩むのはやめよう。次の一〇年間、一年、いや来月手に入れたい成功や幸福、喜び、安息なども忘れよう。かわりに今日レベルアップできることを考える。今日以外の日は存在しない。毎日が今日であり、そう生きるべきなのだ。ヘッドライトの光の中に生き、少しでも前に進むんだ。

第3章では、君の目的と望む人生を手に入れるために、どんな目標を持つべきかをはっきりさせた。目的と目標は心に刻んでいると思う。では先に進もう。古いことわざにこんなのがある。「千里の道も一歩から。そして最初の一歩を出さないと二歩目を踏み出せない」。行動を起こせないのは、あまりに先の目標と、そこまで行くために必要な行動ばかりにフォーカスしているからだ。でも今はそれは考えなくていい。今大切なのは最初の一歩だ。一歩踏み出せば二歩目、三歩目と進んでいけるんだ。

進む方向は速度よりもずっと重要だ。正しい方向に進んでいけば、いつか行き着ける。もちろん障害物にぶつかるだろうし、早く進めばそれだけ早く着くだろう。しかしたとえ歩みがゆっくりでも最後には到着できる。

人生の目標にも同じことが言える。目的地に行き着くためには三つの要素が必要だ。

1 方向づけ
2 行動
3 時間

この三つにフォーカスしよう。目指す場所にたどり着けることは僕が保証する。でもまず、目的地を正確に知っておこう。

◆方向づけ——君の目的地はどこか？

車に付いているＧＰＳには二つの情報が必要だ。一つは現在地、もう一つは行きたい場所だ。あとはＧＰＳがルートを決め、君はＡ地点からＢ地点に行くだけだ。

現在地 ……＞ ＧＡＰ（隔たり）……＞ 目的地

人生も同じだ。どんな人間になりたいか、そしてそれには何が必要か。そこに至る道は目的地と君の行動によって決まっていく。それがＧＡＰだ。

1　どんな人間になりたいか
2　そのためにすべき行動

ちょっと時間をとって、君がどんな「目的地」を目指しているか考えてみよう。それがはっきりしたら、次のステップがルートを決めてくれる。

◆行動――始める、やめる、継続する

GPSに目的地、「どんな人間になりたいか」を入力したら、あとはアクセルを踏むだけだ。たとえ時速一マイルだったとしても君は前進する。そして前進することがすべてだ。

目的地を決め行動を起こすためのシンプルな方法は、毎週一〇分間（僕の場合は日曜の夜か月曜の朝）、時間をとり、先週の行動を振り返り、来週の行動について考えることだ。自分に三つの質問をしよう。

1 今週始めるべきことは何か？
2 今週やめるべきことは何か？
3 先週から継続してやるべきことは何か？

「始める」、「やめる」、「継続する」。別に大きなことでなくていい。それらはちょっとした変更かもしれないがとても重要だ。大きな変化で人生が変わるなんてことはそうそうない。

毎日積み重ね、レベルアップにつながるのは小さな変革だ。間違った行動（あるいはもっといいやり方）に気づいて、すぐに適切なルートに戻ることだ。

変化を起こすのは今日、今後一時間、あるいは今から三〇分間でも実践できるマイクロアクションだ。マイクロアクションはシンプルなものにし、行なう時は集中しよう。その変化は君を目標への道に引き戻してくれるだろう。

君が目標に近づくための本日最初の一歩は何だろう？　書き出してみよう。

◆時間――これは長いゲームだ

方向と行動は、速度よりもずっと重要だ。間違った方向を目指したり、まったく動こうとしない場合、目的地にたどり着くことはないからだ。

人生を変えるには正直、時間がかかる。これは仕方ない。この事実を受け入れてほしい。妊娠している人に、「普通は九カ月くらいかかるけど、何とか五カ月で済ませられないか？　そしたら年内に休暇をとれるよ」なんて言ったら、誰だってこいつは馬鹿だと思うだろう。出産に九カ月ほどかかるのは誰でも知っている。

僕らの目標も同じだ。正しい道を行き、必要な行動をしていれば、あとは時間が解決してくれる。毎日しゃかりきに歩く必要はない。

成功とは、小さな（時には退屈な）行動を積み重ねることだ。毎日少しずつ進歩することだ。朝起きた時よりも少し進歩し、少し目的に近づいたと思いながら眠りにつこう。大事なのは昨日よりも一パーセント進歩することだ。

君が、望む人生を今すぐ手に入れたいのは知っている。だがどうしても時間がかかる。でもどんなに些細なことでも正しい行動をし、正しい方向に進んでいれば、最後には目的地にたどりつける。ゆっくり確実に、がレースを制するんだ。

GOAL
YOU
方向を
まちがえた…
最初に
飛ばしすぎた…

◆「今は楽でも後で苦しくなる人生」か「今は苦しくても後で楽になる人生」か

その場その場で正しい選択をするのが何でこんなに大変なんだろう?　理由は、のちのちの喜びよりも今すぐ得られる満足を選ぶ方がずっと楽だからだ。

チーズバーガーはとてもうまい。少なくともその時は。だが食べたあとは疲れを感じ、太り、一日中エネルギー不足になる。それでも「お手軽な満足」はとても魅力だ。そして不幸にも、僕たちはお手軽な満足に浸って育ってきたため、おあずけをされるのは我慢できないのだ。

僕は今三六歳だが、子供の頃、「太陽はどのくらい遠いか」のような問題を友達と話し合っている時、そこにスマホはなかったから、グーグルに質問して秒で答えを得ることもできなかった。自転車に飛び乗って図書館に行き、百科事典を調べるしかなかった。そこには「た」の巻があり、太陽についての記述が見つかる。出版された年度によって一億四七〇九万キロから一億五二〇八万キロまでばらつきがあるのもわかる。「た」の巻がなければ残念ながら答えは得られない。

今日の僕らはお手軽な満足に慣れきっている。あまりに多くの知識や便利さが、指一本で手に入るからだ。地球と太陽の距離をすぐに知りたければスマホを手に取ったり、椅子から立ち上がる必要さえない。Siri に聞けばすぐに答えをくれる。欲しいものがあればアマゾンが次の日か、下手すれば今日届けてくれる。どこかに行きたければウーバーかリフト（米国の配車サービス）が数分で車を回してくれる。お腹がすいても家から出ることも、オーブンを使う必要もない。ポストメイツやドアダッシュ（いずれも米国の配達サービス）が好きなレストランから料理を届けてくれる。テクノロジーは素晴らしい。人生を楽に、便利にしてくれる。でもその反面、それは僕らを、いつもお手軽な満足を期待するように追い込んできた。

だが成功は手軽な満足では得られない数少ないものだ。それを得るには行動し続けるしかない。ジムに一回行っただけで割れた腹筋は得られない。肉体、ビジネス、人間関係などは、グーグル検索のようにはいかない。満足するまで長い時間がかかる。僕らに必要なのは忍耐力、ウサギではなくカメになることだ。

人生は楽じゃない。傷つかないで経験を積む方法なんてない。でも人は時々、必要以上に自分に厳しく当たる。一つラッキーなのは、僕らは「今は楽でも後で苦しくなる人生」と、「今は苦しくても後で楽になる人生」のどちらかを選択できることだ。

君は怠け者か？　もちろん違う。君はただ、怠けることを選んでいるだけだ。君は先延ばし人間か？　違う。先延ばしすることを選択しているに過ぎない。小さな違いのようだが、前者はアイデンティティの表明、後者は単なる選択だ。

ＰＡＲＴ１で見たように、君のアイデンティティが怠け者で先送りばかりする人間なら、それに見合う行動をする。でも違う行動を選ぶことはいつも可能だ。行動の前に、いつも選択をする瞬間がある。ソファに寝転がって何もしないということさえ、それは君の選択であり行動だ。怠惰な選択にはそれなりの結果が待っている。今は楽できても後で苦しくなるのだ。体にいい食事をするのはなかなか大変だが、後で肥満に悩むのも同じくつらい。配偶者との関係を修復するために深刻な話し合いをするのは気が重いけれど、離婚するのも大変だ。財布のひもを引き締めるのは骨が折れるが、のちのち欲しいものが買えない生活をするのも耐え難い。

苦しいこととは何だろう？　例えばそれはビジネスを発展させようと奮闘することだ。他には？　お金がないのもつらい。最初のビジネスが失敗した時、僕は二四だった。車のローンを五カ月滞納した。僕は銀行に電話して、車を回収しないよう懇願した。破産も大変だし、必死に働くのも大変だ。だが両方経験した僕にはわかる。破産よりも必死に働く方がずっとマシだ。

思えばこれが、僕が自分のアイデンティティを変える決意をした瞬間だった。僕は成功するために身を粉にして働く必要がないことに気づいた。自分ですべてをやらなくてもいいこと、人を信じて任せることも学んだ。でも一番大きかったのは、真に情熱的になれるもの、好きなことのために全力で働き、にもかかわらず仕事をしている感がまったくない〝IKIGAI（生きがい）〟を見つけたことだ。これはターニングポイントだった。過去一二年間を振り返って、必死で働いて今日の僕を築けたことは本当にうれしい。これは過去の選択のおかげだ。

一つ一つの行動と選択によって、自分の目的に近づけるかどうかが決まる。決めるのは君だ。だが一つ覚えておいてほしい、君が今の楽を取り、後で苦しくなる方を選んだとして、困るのは君だけじゃない。君の選択は他の人にも影響する。

ある講演会のあと、肥満に悩む男性が僕のところにやってきて、体重を減らすこと、エクササイズや健康な生活を保つことがいかに大変かを話してくれた。僕は聞いた。「生活スタイルを変えないとして、あと一〇年、二〇年後にどんな悪いことが起きると思いますか？」

「肥満が原因で早死にしたら娘の結婚式でバージンロードを歩くことも、孫と遊ぶこともできないでしょうね」

僕はさらに聞いた。「ではどちらの苦痛がより大きいですか？　苦労して食事を制限し、つらいエクササイズをして健康的になるのと、娘さんとバージンロードを歩けず孫とも遊べないのとでは？」

「そんなふうに考えたことはなかったなあ」男性は言った。「もちろん娘とバージンロードを歩けない方が苦痛ですよ。生活習慣を変える方がずっとマシだ」

「ではいつもその考えを持ち続けるようにしましょう」僕は言った。「この次ヘルシーな食べ物やエクササイズを避けたくなったら、未来の苦痛を思い出すんです。それが行動する動機になるかどうかやってみてください」

見方をちょっと変えただけだったが、男性にとっては驚くほど深い知恵だったらしい。六カ月後、僕は彼からメールを受け取った。体重を一六キロ減らしたそうだ。生活習慣を変える苦痛よりも、将来家族と一緒にいられない方がずっとつらいことに気づいたからだという。今つらいのは、あとの苦しみに比べればずっと楽だ。今君がちょっと本気を出して頑張れば必ず報われる。この男性は今のお手軽な満足よりも、のちのちの喜びを選んだ。今は楽をして後で苦しむのではなく、今は苦しくても後で楽になる人生を。これこそが違いを生む思考、真の変化を起こして彼を望む人生の道に引き戻した考え方だ。

僕たちは一日中、何度もこういう選択を迫られる。君はどんな事柄について、今の気楽さを選択しているだろう？　その選択は未来にどんな困難をもたらすだろうか？

場合によっては何かを諦めなきゃいけないことがあるかもしれない。ナポレオン・ヒルは著書、『Think and Grow Rich』（田中孝顕訳『思考は現実化する』きこ書房）で、財政目標を達成するための六つのステップを提示している。第1ステップは「欲しい金額をはっきり決めること」、第2ステップは「そのために何を犠牲にするかを見定めること」だ。ヒルの話はお金に関してだが、犠牲の考え方はどんな目標にも使える。つまり、人生は常にトレードオフ（交換）なんだ。僕たちにはすべてを達成する余裕はなく、何かを諦めなければならない。何かを「イエス」と肯定するのは、別の何かに「ノー」と言うことだ。でも、一度目標を見つけてそれに向かって邁進すれば、ゆったりとした気分で夢が実現した喜びを噛み締める時、犠牲は十分に報われるだろう。この章の「ノートに書き出してみよう」は心のGPSを設定する助けになる。

目的地が明確になり、そこに行くためにすべき行動、やめるべき行動、続けるべき行動がはっきりしたら、それらをできるだけシンプルにまとめよう。これから様々な困難や抵抗が待ち受けているだろうが、いくつかのシンプルなテクニックにより君は行く手をさえぎるものを退け、抵抗を突破できるだろう。

……この章のポイント……………………………………

◎今まで君が何の行動も起こしてこなかったとしてもまったく問題ない。大事なのは君が今どこにいて、どこに行きたいか、だ。
◎進む方向は速度よりもずっと重要だ。
◎肉体、ビジネス、人間関係に関することは、グーグル検索のように簡単には結果が得られない。

◎今は苦しくても後で楽になる人生か、今は楽でも後で苦しくなる人生か、選ぶのは君だ。

【ノートに書き出してみよう】

・君を目的地に導いてくれる目標は何か？　君はどんな行動をすべきか？
どんな小さなことでもかまわない。目的地への旅を始めるためにすべきことは？

・目的地に到達するためにやめるべきこと、始めるべきこと、継続すべきことは？

・目標を達成するまでは大変でも、達成したら楽になることは何か。

・目標達成のために諦めなければいけないものがあるとしたら、それは何か？

＊https://robdial.com/levelup/も参照してみよう。

第6章
集中を乱すもの――何が行動を邪魔するのか？

どんなスポーツでもプロ選手になって全米レベルで活躍するのは難しい。何年も犠牲にして厳しさに耐え、練習に没頭しなければならない。中でもゴルフほど正確さ、忍耐、集中力が必要とされるものはない。ローリー・マキロイは誰よりこの事実が身に染みている。

二〇一一年、当時二一歳のマキロイは未来のタイガー・ウッズと謳われていた。彼は四大大会の中でもっとも権威のあるマスターズを絶好調で戦い、日曜日の最終ラウンドを首位で迎えた。二位に4打差をつけて後半9ホールを迎え、残りを軽く流して優勝すると思われた。だが何かが起こった。彼は突然、壊れてしまった。一つのミスショットが次のミスを呼び、クラブハウスに戻った時には、トーナメント史上最悪の最終日記録を作り、何と一五位タイで終了した。

原因は巨大なプレッシャーだった。マキロイは後に、集中力を完全になくしていたことを認めている。他の原因はなかった。怪我もなかったし、打ち方を忘れてもいなかった。単に集中を乱され、取り乱し、実力を発揮できなかったのだ。それだけが優勝と惨めな結果の分かれ道だった。

精神的動揺に負けるのは、大舞台に立ったプロスポーツ選手だけじゃない。僕らも同じだ。僕らはある意味これまで、集中を乱されるように自分をトレーニングしてきたんだ。

例えば、君は今まで一度もバスケットボールをしたことがないとする。けれどもひょんなことから一生困らない大金を手にし、人生をバスケットボールに費やす決意をする。その後の五年間、君は毎日一六時間練習する。君がやることは食べること、寝ること、そしてバスケの練習だけだ。まったくの未経験者だった君はものすごく上達する。プロにはなれないかもしれないが、始めた頃とは比べものにならない。ここまで練習しなければこうはなれなかった。

時間を十分にかければ、僕らはほとんど何でもマスターできる。そして君は、今まで多くの時間を「集中力を失う練習」につぎ込んできた。一日一六時間かどうかは別として、朝起きてからベッドに入るまで、僕らは気を散らすものに囲まれて過ごしている。広告、スマホ、アプリ、インスタグラム、フェイスブック、TikTok、X、テレビ、Eメール、音楽、お知らせ、あるいは子供や他の人々に邪魔され、集中を乱され、それが毎日繰り返される。

こうして僕らは何かに気を取られることのプロフェッショナルになった。人々が退屈に耐えられない理由もこれだ。テレビを見たり延々とＳＮＳをスクロールし続けることで、僕らは刺激中毒になっている。ただ椅子に座って何もしないのは悪いことなのだろうか？　何も悪くない。僕らの脳はこの「リラックスタイム」を使って新しいアイデアを生み出したり問題を解決する。研究によれば、ちょっと散歩に行くだけで（特に自然の中を歩くと）神経システムを鎮め、リラックスした雰囲気を作り出せるという。[1] 僕らは気づかないうちに脳を鞭打ち、ひたすら前進するよう訓練している。その結果、ゆったり座って何もしないとひどく落ち着かず、それどころかそれを拷問のごとく感じるようになってしまった。二〇一四年の研究では、男性の六七パーセント、女性の二五パーセントが、一人で座って一五分間考えごとにふけるよりも電気ショックを受ける方を選ぶという結果が出ている。[2] 常に刺激を受けてきたせいで、僕らはほんのちょっと一人で座っていることさえできなくなってしまったんだ。

マーケティングの専門家によれば、平均的な米国人が一日に目にする広告は四〇〇〇から一万だという。[3] 携帯をチェックする回数は一日三四四回。一日一六時間起きているとして、三分おきに携帯を見ていることになる。[4] 平均的な人々は一日二時間二五分をSNSに費やす。毎日さまざまなものが僕らの注意を惹きつけようと競争を繰り広げている。集中力が昔より短くなるのも当然だ。研究によれば、人間の集中力はIT時代になってさらに短くなったそうだ。[5] 僕らがいまだかつてないほど集中力を失っているのは間違いない。だがほとんどの人は、集中力不足がどれほど僕らの生産性を削いでいるか気づいてない。それがいかに目標を達成するための行動の足を引っ張り、望む人生を実現するのを邪魔しているかにも気づかない。

でも集中を乱すものを追い払う方法を知って、変革を起こすための行動に集中できたら、超人的な生産性が手に入る。次のセクションでやり方を教えよう。

生まれ持った集中力はまちまちだが、それは鍛えられる。どうやって？　他のことと同じだ。練習だ。自分のせいでこの沼にはまったのなら、自分で抜け出せるはずだ。

やっかいなのは、集中を乱された時、僕らはそれに気づかないことだ。戦う前にまず相手を知っておこう。集中を乱すものを取り除かずに行動を起こすのは難しい。だが自分がどのように集中力を失うのかに気づいてしまえば、習慣を変えるのはずっと簡単だ。

よくある原因と対処の仕方を見ていこう。それらは携帯、何かのお知らせ、他人、僕たちを取り巻く物理的環境、社会的環境などだ。

◆スマートフォンと上手に付き合う

携帯、特にスマホは僕らの生活に革命を起こしたテクノロジーだ。でもその結果、僕らがスマホに費やす時間は一日平均三時間四五分になってしまった。とんでもなく長い時間だ。

それは今まで作られた中でもっとも驚くべき機械の一つだが、もっとも集中を乱すものでもある。そしてスマホは、そうなるように作られているのだ。君がアプリに費やす時間が長いほど、どこかの会社が儲かる。

彼らは可能な限り君に携帯に張り付いていてほしいのだ。その意図は見事に達成されている。彼らは君の脳の働きを熟知し、最高の心理学者、脳神経学者を雇い、心理学的、生物学的に中毒性のあるアプリを開発している。人間の脳の特性を利用して儲けているのだ。メッセージを送るためにスマホを手に取り、その一〇分後にインスタグラムを閲覧している自分に気づいたことが今まで何回あっただろう？　そうなるように君のスマホは作られているんだ。カジノではスロットマシーンはもっとも依存しやすいゲームだ。それが、フェイスブックからTikTok、XやLinkedInがスロットマシーンと同様のスクロールの機能を持っている理由だ。

日々のさまざまな局面でスマホが役立っているのは確かだ。カレンダーや予約の管理、電話やテキスト、メールでの人々とのやりとり。でも僕らの目的はスマホを使って仕事をこなすことで、終わりのないスクロールの世界に引きずり込まれることじゃない。

すべきことはシンプルだ。スマホを他の部屋に置くか、引き出しの奥に入れてしまうのだ。目につかない場所に置き、決めた時間以上は費やさない。これだけで、びっくりするほど集中が簡単になる。

僕はキッチンにスマホ用の引き出しを用意している。テキストメッセージを送る時は椅子から立ち上がってキッチンに行き、引き出しを開けてメッセージを送る。終わったらすぐにスマホを引き出しに戻し、それまでしていた仕事に戻る。椅子から立ち上がり、歩いて引き出しまで行くというちょっとした困難が、一日何度もスマホをチェックしたいという衝動から僕を守ってくれる。要はスマホに使われるのではなく、スマホを使う人間になることだ。

これは、ちょっとしたことで大きな効果が出せる例だ。スマホを離れた場所に置くと最初は変な感じがする。まるで失くし物をした気分だ。あるいは退屈になるかもしれない。でも大丈夫だ。それが普通だし、不快感を認めるのはいいことだ。最初の一週間はスマホを三〇分か一時間遠ざけておく練習をしよう。スマホなしでも大丈夫だし仕事もはかどる（もしかすると前よりももっと！）ことがわかってきたら、もっと長い時間できるはずだ。

仕事にスマホを使わない人は朝九時にスマホをしまい、昼まで触らないことも可能だろう。昼になったらすべてのメッセージをチェックし、終わったら元の場所に戻し、今度は五時まで見ない。

僕はScreen Timeという、一日、あるいは一週間でどのくらいスマホに時間を費やしたかチェックできるアプリを使っている。これをホーム画面にしているので、スマホを使おうとすると真っ先に目に入る。思い出してほしい、僕らは、「集中を邪魔するもの」に気づく必要がある。Screen Timeは僕らがどのくらいスマホをチェックしているか教えてくれる。毎週日曜、先週のスマホ利用時間が先々週と比べてどうだったかも報告してくれる。僕はもうゲーム感覚で、利用時間をどこまで下げられるかに挑戦している。

君がもっとも利用するアプリ五つをチェックし、それらを使うと人生の目的に近づけるか、それとも遠ざかるか考えてみよう。マイナスになりそうなアプリがあったら一カ月だけ削除し、生活がどう変わるか見てみよう。三〇日後もう一度インストールするかどうか決める。再びインストールするなら制限を設定し、使用時間の管理についても決めておこう。スマホによる集中の妨害から自由になるためにできることを考えよう。

【すぐできるマイクロアクション】 一定時間、スマホを引き出しにしまうか他の部屋に置いておく。三〇分から始め、少なくとも一日一回はやろう。これを一週間続けてみる。

◆さまざまなアラート（お知らせ）

スマホを一日中引き出しにしまい込んだとしても、その他にもさまざまな「アラート（お知らせ）」がやってきて、君の集中を乱す。

対処の第一歩は、どんなお知らせを受け取っているか意識してみることだ。大事なものもあるだろう。妹からのテキストメッセージ、医者の予約の知らせなどなど。思い出そう、スマホは僕らの注意を引きつけるように作られている。だからどんな些細なことでも知らせてくる。どのアラートをオンにし、どれをオフにするかに注意を払えば、どうでもいいメッセージやアラートに邪魔されることは少なくなる。

では、どのアラートをオフにできるかチェックしよう。まずすべてのSNSやニュースのアラートをオフにしてみる。判断がつかない場合は役に立ちそうなアラート、人生の目的にあったアラートだけ残そう。僕はもうテキストメッセージさえオフにしている。新しいメッセージが来てもポップアップも音も出ない。自分でアプリを開かない限りメッセージが来たことはわからない。Eメールも同じだ。アプリを開くまで新しいメールには気づかない。こうして僕はスマホに指図されるのではなく、スマホを、そして自分の時間を管理できるようになった。

パソコンも忘れてはいけない。

この本をアリゾナ州セドナのバケーションレンタルで書いていた時、僕は屋外でラップトップを使っていたけれどWi-Fiはオフにしていた。ワードを使う時にはネットは必要ないし、仕事をしている時にアラートに気を取られないためだ。ポッドキャストの制作の時も同じだ。ワードで作業する時は九〇分間Wi-Fiを切る。その間、事に全集中できるように。

もちろん、誰もが好きな時にネット接続をオフにできるわけじゃないだろう。だが、就業中はメールを読めないと困るという場合（すぐに返信が必要な時もある）でも、着信のお知らせはオフにすることを勧める。仕事に没頭できるし、メールは必要な時にチェックすればいい。この本の執筆中も、僕は自分のビジネスをケアする必要があったが、ネットに接続する時間を決めておくことで対処した。

たとえアラートをオフにしていても、僕らはたやすくインターネットの沼にはまり仕事に集中できなくなる。できれば仕事に必要なプログラムだけを立ち上げ、他はオフにした方がいい。コンピュータの使用頻度が高く、インターネットに集中を邪魔されるなら、ウェブサイトやアプリをブロックして仕事に集中させてくれるFreedomのようなソフトを使うといい。このソフトはインターネットの迷宮に降りていきたくなる気持ちを追い払ってくれ、君は意思をふり絞る必要がなくなる。

もちろん仕事も状況も人によって違う。自分に一番合う方法を見つけよう。

集中を邪魔するものを追い払うほど、今やっていることにフォーカスできる。仕事に集中していると、今まで自分を邪魔していたテキストメッセージやEメールが気にならなくなっているのがわかるはずだ。

[すぐできるマイクロアクション] スマホのアラートの設定の中で必要でないものを解除しよう。

◆まわりの人々に協力してもらう

僕らの人生を取り巻く人々、家族、同僚、友人たちはとても大事だし、時間を割く価値がある。でもそんな彼らも君の集中を邪魔するものになり得る。

立場は人それぞれだが、君がじっと座って二時間がっつり仕事をしたい時、他人に邪魔されずに集中できる場所を確保しているだろうか？　確保できないなら、自分は今忙しいということを他の人々に知らせる方法を考えよう。ヘッドフォンをするような簡単なことで、自分は今、邪魔されたくないんだという意思表示になる。

オフィスにいる場合、ドアを閉めて「緊急の場合以外は遠慮して」というサインを出してもいい。

在宅勤務で子供がいる場合、二時間ほど彼らの面倒を見てくれる友人か家族を見つけよう。静かな場所で仕事に取り組むためにベビーシッターを雇ってもいい。家でも、邪魔されたくない時はルームメイトや夫、妻に向け「今後数時間は部屋に入ったり声をかけたりしないで」というサインを掲げよう。集中して仕事を片づけたい時、他の人々の介入を防ぐ体制を作り上げるんだ。

家族としての義務がある場合、話は少し込み入ってくる。家庭での責任も果たさなければならないので日中に集中的な時間を作るのは無理だという声はよく聞く。多いのは「子供がいるので無理なんだ」というやつだ。でも理想とする人生を生きられていないのを子供のせいにすべきじゃない。彼らのためにも、子供たちは君が理想の人生を生きる理由であるべきだ。子供を君の行動の「理由」にしよう。子供を言い訳にせず自分の内面を見てみよう。思い出してほしい、何かが君にとって重要なら、君は方法を見つける。重要でない場合、言い訳を見つける。

家族への責任を障害と考えるのをやめ、家族を味方にしよう。一緒に目標を目指そう。パートナーと話し合って毎日、あるいは毎週一定の時間を作り出すことに協力してもらおう。パートナーは君がすべき雑用を代わってくれるかもしれない。でもどんな関係もギブ・アンド・テイクであることを忘れないでほしい。パートナーに何かお返しをしよう。パートナーが不公平なほど家事や子育てに時間を割いているなら君も手伝おう。そうすれば相手も自分の時間が持てる。君の方も、自分勝手だ、注文ばかりだなどと言われずに自分の時間が作り出せる。

さらに、君のパートナーが大切なことに集中するのを助けることで、二人とも人生に責任が持てる。本当のカップルは一緒に物事に当たるものだ。

これらが無理な場合、別の方法もある。余裕があればベビーシッターや子守りを雇う、厳しいなら友達か家族に頼んでみる。それもダメなら子供を寝かしつけたあとか起きる前に時間を作ってみよう。忘れないでほしい、小さな行動を積み重ねることで、大きな変化が起こるんだ。

【すぐできるマイクロアクション】 仕事中に集中を乱す原因になる人々を特定しよう。そして、必要な義務を怠ることなく一人で集中できる仕組みを作ろう。難しければ、まず三〇分そういう時間を作ってみよう。自分に合った環境ができるまでいろいろやってみよう。

◆環境を整えよう

生産的な人々は、ものすごく強い意思を持っているわけじゃない。意思の力を振り絞らなくていいような環境を作っているだけだ。僕にしても、いつも強い意思を発揮できるなんてことはない。集中を邪魔するものに引っ張られない環境を作っているにすぎない。成功のために自分をセットアップしているんだ。

ビジネスマン兼作家のW・クレメント・ストーンは言う。

「君は君の環境の産物だ。だから目標に向かって成長させてくれる環境を選ぶべきだ」

「集中」という点で、君の環境は君の味方になっているだろうか？　それとも足を引っ張っている？

よい環境づくりのために次の二つを考えてみよう。

1　どうすれば行動を起こしやすい環境を作れる？

2　どうすれば集中を乱されにくい環境を作れる?

まず、いつも過ごしている場所を見直し、それがどんな行動にふさわしいか見てみよう。気づいていないかもしれないが、君はそれぞれの部屋を、特定の目的を果たしやすいように、あるいは果たしにくいように作っている。僕が見てきたリビングルームの九九パーセントは、ソファがテレビの方を向いていた。つまり、テレビを見るための部屋だ。それがこの部屋の機能で、君の目的に沿っているならまったく問題はない。

だが中には、ここで別の作業をしたいのにどうしてもテレビをつけてしまうという人もいる。米国人はテレビが大好きだ。二〇一九年、ネットフリックスの加入者は毎日平均二時間見ているらしい。ニールセン社は、二〇二〇年のコロナの外出制限でその視聴時間は三・二時間になると予想した。[6]一日二時間から三時間、目標達成のために使えたかもしれない時間が消費されるんだ。

もし君がどうしてもストリーミングサービスやケーブルを見るのがやめられず、自分の時間のほとんどをテレビを見るための部屋で過ごしているなら、君は失敗にまっしぐらだ。リビングルームでテレビではなく読書をしたいなら、それ用に環境を作り変えよう。テレビを他の部屋に片づけ、コーヒーテーブルやサイドテーブルに本や雑誌を置こう。すると君の行動はどうなるか? 部屋にテレビがなければ見ることはできない。君はもっと本を読むようになるだろう。部屋を自分の目的に合わせて作り変えたからだ。

同じように他の部屋も見てみよう。寝室もオフィスも、職場の作業スペース、あるいは車の中も。

目標達成のための行動がしやすく、集中の邪魔をされないように君の環境を作り変えよう。以前僕は、あまり長い間椅子に座らないようにしていた。でも散歩に行って集中を途切らせたくなかったので、仕事とエクササイズを両立できる環境を作るためにトレッドミルとコンピュータスタンドを買い、仕事をしながら九〇分ほど歩けるようになった。

環境を自分に有利に作り変えるにはどうしたらいいだろう？　まず、君の仕事場はどうセットアップされているだろう？　それが自宅だろうと、家から離れた場所だろうと、外だろうと、何がうまく機能して何がしていないかを考えよう。集中を邪魔される一番の原因は何で、どうすればそれを解決できるか？

散らかった部屋は気が散る。まず部屋を整理整頓することを勧める。机の上のものが少なければ集中を邪魔されることもない。僕は机の上にラップトップと外部モニター、ノイズキャンセリングヘッドフォン、あと紙とペンしか置かない。机に向かっている時は、今は集中して仕事をする時だと自分に言い聞かせる。目に入るものもそう告げている。「仕事を終わらせる」以外の選択肢を自分に与えないようすべきだ。

コロナの流行で多くの人が在宅勤務をはじめた頃、皆「すぐに気が散ってしまう、特に朝は」とこぼしていた。机に向かって仕事を始める時間になると、ソファに寝そべってインスタグラムをスクロールしたくなってしまう（その方が楽だし楽しい）。

君もそうなら、ちょっと奇妙だがよく効く方法を伝授しよう。ソファからすべてのクッションを取り除いてクローゼットに片づけてしまう。こうすれば君はソファの心地よさに引き寄せられず、デスクに向かって仕事をするしかない。ジョークじゃない。クッションのないソファに座ったことがあるだろうか？　あまり心地よいものじゃない。仕事に集中するためにソファを心地よくないものにしてしまおう。机に向かって仕事をする習慣が定着したらソファをもとに戻そう。

机の上の物を片づけ、ソファのクッションをしまうのはすぐできる。ここがポイントだ。人々は、何かを変えるのは大変で、骨が折れると思っている。だが骨が折れる本当の理由は、僕らが「気を散らすことの達人」だからだ。

カギは、集中を邪魔する物を取り除くために、身の回りをシンプルにしておくことだ。成功するための環境を作るやり方は、仕事以外にも使える。

朝早く起きてジョギングしたいとしよう。いつも簡単に早起きできるわけじゃない。走るのがそれほど好きじゃなければなおさらだ。そこで、ランニングウェアなどの準備を前の晩に済ませておこう。翌朝君が半分寝ぼけていても準備の面倒がなく、すぐに出かけられる。

出かける前のコーヒーが欠かせないなら、コーヒーメーカーにタイマーをセットしておこう。目覚ましが鳴ってキッチンに行くとコーヒーができている。

走る時に水筒を持っていくなら、前の晩に中身を入れて冷蔵庫にしまっておこう。

それでも毎朝走るのを習慣にするのは大変かもしれない。でも前の晩にお膳立てをして抵抗感を取り除き、集中を削がれないよう準備すればことはずっと簡単になり、君は成功に近づける。

健康な食生活に変えたかったらスナック菓子やジャンクフードを家から追放することから始めよう。冷蔵庫や食品庫を見渡して、君の目的に合わない食べ物を放り出そう。スーパーに行ってもそれらを買ってはいけない。食欲を刺激するだけだからだ。嘘じゃない。僕は甘いものや砂糖が大好きで、その上、意思が弱いときているので、そういうものを家に置かないようにしている。ほんのちょっとの砂糖やキャンディでもダメだ。どんな大きな袋でも軽く平らげてしまう。キャンディがある部屋とない部屋では、僕の自制心はまったく別物になる（あるいは消滅する）。僕は邪魔なものを排除し、自分を望む方向に向けてくれる環境を作ることでこれに対処している。

ミールプレッピング（食材の作り置き）は気が散る原因を追い払い、健康的な食事に集中する素晴らしい方法だ。毎日曜の夜、一週間分の食事を準備する。これだと一度に一週間のメニューを決められ、毎晩献立に心を砕かずにすむ。環境を変えると君の自制心も変わる。自制心がとても強い人々は、集中の邪魔になったり注意を引きつける物を自分を取り巻く環境から取り除いたからそうなれたんだ。

生活の場だろうとオフィスだろうと、デスク、キッチンだろうと、成功している人の作業環境とそうでない人のものとはまったく違う。成功者の自制心が特に強いわけではない。彼らは自制心の邪魔になるものを遠ざけているだけだ。

環境を整えれば成功は近くなる。そんなに難しいことじゃない。自分が過ごす空間にもっと自覚的になり、必要な行動をしやすいように最適化すればいいんだ。

［すぐできるマクロアクション］　一〇分時間を取って、仕事をしたり時を過ごす場所を見回し、そこがどんな行動に向いているのか考えよう。その行動が自分の目的に合わないなら作り変えて、もっと生産的になれる場所にしよう。

◆同じ方向性の人々と付き合う

君がもっとも長く時間を過ごす人々が君に対して持っている「期待」は、君の行動を支配する。つまり、君が人生の大変革を望むなら、君がしたい行動を当然のように行なっている人々と付き合えばいいということだ。酒をやめたいなら、アルコールを飲まない人々と付き合おう。起業したい？ ならばすでにビジネスで成功している人々と交わろう。よい結婚をしたい？ 素敵な結婚生活を送り、それを優先させている人と付き合う。良き親になりたい？ 素晴らしい子供を持つ素晴らしい親と交流しよう。

二四歳の時、僕はレジーというボディービルダーと一緒に住むことになった。当時の僕はやせっぽちで、いくら筋トレしても筋肉がつかなくて困っていた。レジーは筋肉隆々で、話すことといったら筋トレと正しい食事のことばかりだった。彼はいつもボディービル仲間から情報を仕入れていた。まるでボディービルと恋に落ちているようなやつだった。ルームメイトとして彼と僕は当時誰よりも長い時間を過ごした。いつも一緒にいたおかげで僕は筋トレと栄養摂取に励み、身体の習慣を変えていった。そしてすぐに生涯で最高の体つきになった。レジーと暮らしたのはたった六カ月だったが、その間、僕の筋肉は八キロ近くも増えた。

反対のことも起こり得る。二年後僕はオースティンに移り、友人と家をシェアした。彼はそこに二年以上住んでいて、すでに多くの知人がいた。移り住んですぐ、僕は彼の知人のグループに加わった。パーティー大好きという連中だった。毎晩容易く遊び相手を見つけることができた。友達に囲まれた楽しい日々、週に三、四回は飲んだくれるのが日常だった。でも人間的にもキャリア的にも成長できない環境であることはわかっていた。そして僕はこのライフスタイルから離れ始めた。
二九歳の時、僕は会社を立ち上げ、他の起業家と交流し始めた。やがて、古い友人たちより彼らと過ごす時間の方が長くなった。古い友人を嫌いになったわけじゃなかったが、付き合う相手は変わっていった。

ある日、オーランドのイベントで年に四〇〇万ドル稼ぐという男に会った。僕もそんなビジネスを持ちたかった。彼は僕の師匠兼友人になった。彼はアルコール依存症から立ち直ろうとしている最中で、彼の周囲も酒を遠ざけている人ばかりだった。僕も酒を飲む機会が減った。そして、飲んでいない時の自分がとても生産的であることに気づいた。日曜の夜に何杯かひっかけると、水曜まで調子が悪くなることもはっきりした。つまり一〇〇パーセントの力を発揮できるのは木曜と金曜だけということになる。

たった数年のうちに、パーティーに明け暮れる日々から、飲酒はせいぜい一カ月に一、二回という生活にシフトした。人々と協力して酒をやめたわけではなく、付き合うグループが変わっただけの話だ。体が酒を代謝するのにはさまざまな要素が絡んでいる。だが酒が体の中に最大八〇時間とどまると聞くと皆ショックを受ける。[7] 酒をやめた僕は、それが今までどれほど足かせになっていたかを思い知った。そしてますます酒を遠ざける気になったものだ。

もう一つの大変化は、付き合う相手がサラリーマンから上司を持たない起業家に変わったことだ。自分のビジネスを持つことへの違和感はなくなり、それはごく普通に感じられた。それぞれ重きを置くものが異なる新しい社会環境で、僕たちは自分の苦労と成功について語り合い、助け合った。七年早送りして現在をみると、当時一番親しかった五人の友人は皆ビジネスを成功させている。意図的に付き合ったところもあったが、ほとんどは自然のなりゆきだった。僕は、僕と似たようなことをして、僕の夢をすでに実現していた人々に引き寄せられたんだ。

君が付き合う人々のグループ、ソーシャルサークルは距離に制限されない。数年前、僕は自分と同じような業界のコーチのためのイベントに参加し、三人の人と知り合った。二人はカリフォルニア在住、もう一人はカナダに住んでいた。すぐに意気投合し、月に一度ズームでブレインストーミングをするようになった。その後僕らはいっそう打ち解け、それぞれのビジネスは発展した。自分で作った社会環境のおかげで皆が繁栄したんだ。僕はイベントや会議に行くこと、大物と付き合うこと、君と同じ興味を共有している人から学ぶことの効用を確信している。トニー・ロビンスも言っているように、「〝類似性〟は力」だ。

君は「一番長く一緒にいる友人五人を平均した人間だ」という言葉を聞いたことがないだろうか。これは真実だ。君が一番親しい五人を見てみると、だいたい同じ収入で、体型、酒量も似通っているだろう。キャリアや家族、仕事に関する考え方も似ているはずだ。君と同じ道を歩んでいない友人を切り捨てろと言ってるんじゃない。でも同じ方向性の人々と過ごす時間を多くした方がいい。彼らと十分な時間を過ごそう。君の行動は、君が一番長く時間を過ごす集団が理想としているものに合致していくだろう。

[すぐできるマイクロアクション]　君と似た目標を持った、君が親しくなりたいと思う人々のグループを見つけよう。そしてメールかテキストメッセージで連絡してみよう。

＊＊＊

問題は、君に十分な時間がないってことじゃない。誰もが平等に二四時間与えられている。それは不変だ。だが君は、注意をそらし集中を邪魔するものを排除して、時間を有効に使うことができる。それだけで結果は大きく変わる。

僕らの使うテクノロジー、スマホ、タブレット、パソコン、テレビなどは驚くほど便利だが、うっかりするととんでもない時間泥棒になってしまう。テクノロジーは道具であって君の主人ではないことを忘れないでほしい。

時間の使い方にもっと注意を払おう。君をすべきことから引き離しているものに一度でも意識を向ければ、体勢を立て直して正しい道に戻れる。ぜひやってみてほしい。宇宙が君の一日に数時間追加してくれたように感じるだろう。

この章のポイント

◎僕らがスマホに費やす時間は一日平均三時間四五分、とんでもなく長い時間だ。
◎何かが君にとって重要ならば、君は事を成す方法を見つける。重要でない場合、君は言い訳を見つける。
◎「仕事を終わらせる」以外の選択肢を自分に与えないようすべきだ。

【ノートに書き出してみよう】

・君の集中を邪魔するものや、理想の人生のための行動を阻むものをすべて書き出そう。

・そのリストを参考に、それらの障害物をできるだけ排除する方法を書き出そう。

・集中の邪魔になるものを追い出し、行動する気が起きるように君のワークスペースを作り変えるにはどうすればよいか考えよう。

・君が一番長く一緒に過ごす人を五人思い浮かべよう。彼らは君の成長にどう役立っているか？あるいは邪魔しているか？

・自分の目的について考え、助けになりそうなグループやネットワーキングイベント、さもなければ同じような目的を持っている人が集まっている場所を探してみよう。これらの活動への参加を君のスケジュールに組み入れてみよう。

＊ https://robdial.com/levelup/ も参照してみよう。

第7章
あせらず一歩ずつ——すべてをやり遂げる方法

僕には軍に勤務している友人がいる。彼は驚くほど要領がよく、人よりずっと多くの仕事を成し遂げる。僕は聞いた。

「どうやってそんなに多くの仕事を片づける時間を作るんだい？　軍隊で何か教わったのかい？　秘密を教えてくれよ？」

彼は言った。「教えられたのは「前足に体重をかけて生きろ（積極的に生きろ）」ってことだよ」。

彼の説明によると、人間は「自発的」か「受け身」のどちらかで生きているそうだ。自発的に生きていると僕らは前に進む。つまり積極的だ。これがレベルアップだ。一方、受け身で生きていると僕らは後退する。これは後ろ向きだ。二つの違いは自分の意思で生きているか、そうでないかだ。大きな成功を摑んだ人々は皆、積極的で、毎日の行動を計画立てている。だがそうでないほとんどの人は、一日を受け身モードで生き、日々の問題を解決するのに精一杯だ。

君が前足に体重をかけ、次々に足を踏み出し、最初の三〇メートルを進むなら（第5章冒頭の「人生のヘッドライト」の話を覚えているだろうか?）君は勢いに乗れる。その勢いを感じたら、そのまま止まらず進もう。一度止まって再びスタートするのは前より多くの努力が必要になるからだ。「勢い」は望む人生を構築する上でもっとも過小評価されているものだ。だがそれは、朝起きたらすぐに発動させるべきものだ。「動機は行動についてくる」と言ったのを思い出してほしい。君が一貫性を保っていれば勢いは生まれてくる。

車がエンストして押しがけする時、一番大変なのは最初の一押しだ。だが一度走り出せば、それはすぐに勢いに乗り、君は置き去りにされてしまう。スピードを緩めて停止させると、再び動かすには大きなエネルギーがいる。勢いを感じた時にはそれに飛び乗ろう。ゴー・ストップを繰り返してエネルギーを消耗するよりもはるかに楽だ。

◆「勢い」に乗るための朝の習慣

小さな積み重ねが大きな影響となる。朝起きたらすぐに小さな行動をし、勢いをつけよう。

1　スヌーズボタンは絶対押すな

朝、目覚ましが鳴った時、君はどうする? すぐに飛び起きて準備して、やる気満々で一日をスタートするタイプだろうか? それともスヌーズボタンを押して眠りに戻る? 僕は起きるのがいかに大変か身に染みて知っている、寝るのが大好きな人間だ。だがスヌーズボタンを押すと、君は一日を損失から始めてしまうことになる。

前の晩アラームをセットする時、君は完全に目覚めていて翌日のプランもしっかり持っていた。そして朝決まった時間に起きることもそのプランの一部だったはずだ。アラームが鳴った時、脳が君にスヌーズボタンを押させるのは容易い。君はその結果どうなるかを考えていないからだ。

今日から、朝アラームが鳴ったらスヌーズボタンを押す代わりにベッドから飛び出よう。それは一日の最初の勝利になる。

僕は皆に、携帯のアラームでなく目覚まし時計を使うように勧めている。携帯だと他の機能に気を取られてしまう可能性があるからだ。目覚まし時計は部屋の反対側に置いておこう。アラームを止めるために起き上がらなくてはならないからだ。起き上がっていれば、スヌーズボタンを押すのは気が引けるはずだ。

2　ベッドを整えよう

起きたあと、僕が勧めるのはベッドを整えることだ。二分くらいしかかからず、君を勢いづけ、小さな勝利をもたらしてくれる。ベッドに戻ろうという気にならなくなる。まだ起きてから五分だというのに、君はその日の始まりに二つ目の勝利を飾れるんだ。

僕は長いこと、ベッドを整えるなんて意味がないと思っていた。僕は寝室では時を過ごさない。ただ眠るだけだ。寝る時に戻ってくるだけなのに何のためにベッドを整えるのか？　だが僕はこのシンプルな行動がいかに効果的かに気づいた。ほとんど時間がかからないのに小さな達成感をもたらしてくれるんだ。

ウィリアム・H・マクレイヴン海軍大将が二〇一四年にテキサス大学卒業式で行ったスピーチは大いにバズった。その内容は、ベストセラーとなった彼の著書『Make Your Bed』（斎藤栄一郎訳『1日1つ、なしとげる！――米海軍特殊部隊SEALsの教え』講談社）のインスピレーションとなった。本の中で大将は、ベッドを整えることの効用をはじめ、米海軍特殊部隊SEALsで培った、人生の困難に立ち向かう基盤となる指針を紹介している。簡単にできるし試したところで失うものはない。ベッドを整えよう！

3　朝のルーティーンを終わらせよう

朝のルーティーンに関する情報は山ほどあるが、朝の時間の大部分を消費する長いリストを作る必要はない。一日のスタートに弾みをつけるためにしたいことをいくつか選ぼう。カギは意図的に行動して自分の思い通りに一日をスタートすることだ。君のスケジュールやニーズにあったルーティーンにしよう。

例えば、子供がいるなら彼らより三〇分から一時間早く起きる。そうすれば一日の初めに必要な仕事を済ませられるだろう。

歯磨きやシャワーなどの基本的な行動に加え、以下のようなことが考えられる。

・瞑想
・本を一〇ページ読む
・ジョギングに行く

・ヨガをする
・日記を書く
・ただ静かに座る
・エクササイズをする

全部やってもいいし、一つ二つ選んでもいい。自分に合う別の行動を考えてもいい。

モーニングルーティーンを試したことがないか、やってみたけれど続けられなかったなら、まず二つのルーティーンから始めだんだん増やしていくことを勧める。焦らなくても行動ができるように十分な時間を設定する。義務的にやってはいけない。ルーティーンは君のモチベーションを高め達成感を得るためのものだが、朝に満足感を味わうための行動でもある。そうした方が、アラームが鳴って慌ただしく一日を始めるよりも、はるかに多くのコントロールをもってその日を過ごせる。

4 やるべきことのリストを作ろう

朝のルーティーンの終わりに一〇分間視覚化の時間をとり、一日のプランを立てよう。この時やるべきことの短いリストを作る。「短い」というのがポイントだ。

「パレートの法則」を思い出そう。「80対20の法則」としても知られるものだ。この法則によれば、僕らの一日の行動の二〇パーセントが望んでいる結果の八〇パーセントを実現する。一方で、行動の八〇パーセントは二〇パーセントの結果にしかならない。つまり、望む結果につながる生産的な行動を特定することが大切になってくる。賢いビジネスマンは利益を生む活動のトップ二〇パーセントを把握して、それらに時間の大部分を費やす。

とんでもなく長い「やるべきことリスト」を作ってしまう人もいる。確かに僕らは仕事や個人の生活においてやるべきことを山ほど抱えている。リストがどんどん長くなるのも仕方ない。やり終えたことを書き出してチェックマークをつけるのが好きな人もいる。事を成し遂げた気分になるからだ。だが、はっきり言って意味がない。なぜか？　長いリストの一つ一つの項目の多くは、結果につながる二〇パーセントの行動に入らないからだ。洗濯はやるべきことだし、比較的簡単なことだ。君はそれもリストしてチェックをつける。だがそれは君の目的を達成させてくれるだろうか？　ましてそれが火曜の午前一一時で、君の目的がビジネスを立ち上げることなら、洗濯は他の時間にやろう。

勘違いしないでほしいが、やるべきことのリスト化は大事だ。洗濯や皿洗いはいつかやらなきゃならない。でも膨大な「やるべきことリスト」を見ると圧倒され、何も達成できなくなってしまう。

今後は毎朝、前進するための重要な仕事を三つに絞ろう。次に手札大のカードを用意して、それらに1、2、3と番号をつける。このリストをスマホに入れないようにしよう。リストをチェックする度にスマホに集中を邪魔される危険があるからだ。カードはハンドバッグかポケットに入れておこう。どこに行く時も持っていられるように。

リストのトップに来る項目は絶対にやろう。これを片づけないでベッドに入ってはいけない。それはその日の最優先事項だ。その日最初にやるべきということじゃないが、先に手をつけられるなら片づけてしまおう。そうもいかず、他の仕事を先にやらなければならない時もあるだろう。それでも毎朝スケジュールに目を通し、予定をやりくりして最初の項目だけはやり遂げよう。一番大事な項目を毎日必ずやり遂げていれば、一年後にどんなに進歩しているか想像してほしい。

トップの項目をやり遂げたら、二番目にフォーカスする。次は三番目。しかしたとえ一番目しか片づかなくても、その日、君は大変な進歩を遂げたんだ。残った小さな項目は生産的な作業時間以外でやればいい。または、その方が気が楽ならば、優先事項を片づけたあと、取りかかれる時に予定しておこう。

これらを成し遂げるのは大変でも、のちのちどのくらい楽になり、達成感も得られるかを考えてみよう。明日の君は今日の君に感謝しているだろう。そして新しい項目をリストに加えるかもしれない。

5　スマホを見るのをやめよう

朝の時間は極力スマホを見ないようにしよう。それは意識を引きつけ、君はテキストメッセージやEメール、片づけなければならない仕事のことを考え始めてしまう。朝の勢いはあっという間に消え去り、すべきことの優先順位は混乱する。

何でわかるのかって？　スマホを見る前の僕と見たあとの僕はまるで別人だからだ。学びと成長を愛する、僕の脳のクリエイティブな部分は朝が一番パワフルだ。だがスマホを見た途端そのパワーは萎んでしまう。一〇分から三〇分、スマホを見ない時間を作れるなら理想的だ。二時間だったらもっといい。君の生産性を高める小さな勝利だ。

＊＊＊

小さな勝利というのは重要だ。どんなに小さくてもドーパミンを放出するからだ。ＰＡＲＴ３で触れるが、ドーパミンはやる気を起こす化学物質だ。それはドミノ倒しのようなもので、一つ倒れれば次々に倒れていく。

君の目的がなんだろうと、必要なのは小さな勝利の積み重ねだ。その一つ一つが次の勝利に駆り立ててくれる。勝利というと僕らは大きな出来事を思い浮かべる。でもそういう大きな結果につなげてくれた小さなマイクロアクションにはなかなか目を向けない。成功とは毎日小さな行動を重ねること、毎週やる気を鼓舞することだ。目的地がどこだろうと、君がそこにたどり着くまで。

◆生産的であることと忙しくしていることは違う

やるべきことリストに三つしか書かないのは、リストを絞り込むためだ。集中する対象を狭めるとアウトプットの質が高まる。自分という存在が分散しないので脳は完全集中できる。これは君の人生のあらゆる面に応用できる。特に一番重要な仕事に取り組もうとする時には。この時気をつけてほしいのは、三つの行動を変化につながるものだけに絞ることだ。ただ忙しく働くことを変化につながる行動だと勘違いしている人は多い。

生産的であることと忙しいことは全然違う。君が5キロマラソンに出場すべくトレーニングを始めたとしよう。かなり広範囲のエクササイズと走りのトレーニングを作った。あとは外に出て走るだけだ。これは生産的な行動だ。でも多くの人は、目標を設定してもそれはしない。まず走るためのウェアと靴が必要だと考える。よい用具を揃えるべくショッピングに精を出す。確かにそれらは必要だが、本当に必要なのは走ることだ。他のことはすべて、生産的と勘違いさせる行動にすぎない。君はただ忙しくしているだけなんだ。

僕が最初に営業所を仕切っていた頃、電話タイムと呼ばれる、かけられるだけ電話をかけまくる時間を作っていた。従業員は出社すると、今日は何百本も電話をかけるぞと意気込んだものだ。でも二時間たってみると、かけたのはたったの六本。何をしていたのか聞くと、「ちょっと数字を整理してまして」とか、「セールストークの台本を見直していたんですよ」という答えが返ってくる。電話をかける以外の他の仕事をやって、何もしない自分を誤魔化しているんだ。自分たちは生産的だと思っているが、忙しいふりをしているだけで実際は全然生産的じゃない。

君は生産的なことに集中して変化を起こす必要がある。何をしている時もこう自問しよう。「今やっていることは僕を目標に近づけてくれるか?」そうなら続け、そうでないならやめよう。

◆君はどのくらいエネルギッシュか?

行動的、生産的でありたいなら心を研ぎ澄ます必要がある。研ぎ澄まされた心はエネルギーレベルを上げる。そしてエネルギーレベルには四つの要素が関係している。君が何かを成し遂げたいならこの四つに注意を向け、いつも最高の状態にしておこう。それは睡眠、光、食べ物、水だ。

1　睡眠

睡眠は君のエネルギーレベルに大きく影響する。多くの人にとって、睡眠は最初に改善すべき問題だ。一万人を対象とした二〇一八年の研究では、七~八時間以下しか寝なかった人の約半数が認知機能の低下を経験したそうだ。適切な睡眠時間はとても重要なんだ[1]。

生産的な一日を過ごしたいのであれば、準備は前日から始まると心得てほしい。まず、真っ暗な部屋で七、八時間の睡眠を取ろう。寝心地のよいベッドは投資する価値がある。人生の三分の一をその上で過ごすのだから。よいベッドは今までの人生でもっとも価値ある投資になること請け合いだ。

2　光

二〇一七年に「Sleep Health」誌に掲載された論文によれば、朝日を浴びることは、オフィスワーカーのグループによりよい覚醒と健全な睡眠をもたらしたそうだ。それはまた、彼らの気分にも影響した。朝太陽の光を浴びた人々は、浴びなかった人々よりもストレスが少なく、落ち込みの度合いも低かった[2]。つまり、目覚めてから一時間以内に外に出て太陽を浴びることはとても大事なんだ。

起床後の一時間以内にほんの数分でも外に出る習慣をつけよう。たとえ曇りでも君の目は光の粒子を取り込み、脳は睡眠を助けるホルモン、メラトニンの生成を止め、意識はさらにはっきりする。この習慣を始めてから僕はそれまでよりずっとシャキッとするようになった。太陽を浴びている間だけではなく一日中だ。朝、外に出ることは本当に大切だ。

外に出られなくても光の恩恵は受けられる。白色ブルーライト（blue-enriched white light）が認識能力を向上させ、朝の眠気を追い払うという研究結果は山ほどある[3]。この目的のために作られたブルーライト電球も売られている。普通の白色電球でも多少のブルーライト成分は含んでいる。太陽が出ていない時はすべてのライトをつけて君のいる場所を明るくしよう。

3　食べ物

感謝祭の日に眠くなるのは、七面鳥に含まれるトリプトファンの効果ではなく、ご馳走をたらふく食べたせいだ。一日に消費するエネルギーのうち一五〜三〇パーセントは消化に使われる。(4)

食事のあとの気分を記録していれば、特定の食べ物が君のエネルギーを奪っていることに気づくだろう。特にたくさん食べたあとには。なので、一日の早い時間にエネルギー補給の食品を食べ、遅い時間にエネルギーを消耗するものを食べよう。人はそれぞれ違う。朝食が必要な人もいれば、空腹の朝の方がエネルギーに満ち溢れている人もいる。僕は後者だ。だいたい午後一時か二時まで何も食べない。こういう体の特性を理解するのにしばらくかかった。また、毎日これを続けているわけじゃない。僕はいつも自分の体が要求することに注意している。朝腹が減っていれば果物をちょっと食べる。朝食を食べる場合は卵をメニューに入れる。しっかりした食事はもっと遅く、エクササイズが終わってから食べる。こうすると集中力が高まり生産的になれる。

一番大事なのは食べるものにもっと意識を向けることだ。エネルギーは行動する上でとても重要だ。一日を通して生産的でいるために、仕事の日に何を食べるかしっかり計画することがいかに大事かを僕は学んだ。

意外かもしれないが、集中が必要な時には少し空腹状態でいる方がいい。この事実を軽視してはいけない。断続的な断食が脳の働きを向上させるという研究がある。(5) 空腹感や血糖値が下がるのは気分のいいことじゃないが、アドレナリンの分泌を増加させる。それは僕らの本能と関係しているらしい。

数千年前、食物を求めて狩りに出かけた人類は集中力を研ぎ澄ませている必要があった。つまり、空腹でいることは集中力を高めるためにとても重要なんだ。もちろん人の体はそれぞれ違う。一週間やってみて、空腹が君のエネルギーレベルにどう影響するか見てみよう。

4　水

僕らは一晩で約四五〇～九〇〇グラムの水分を、ただ呼吸しているだけで失う。たいていの人は朝起きた時、脱水状態にある。そして認知能力、注意力は低下する。[6] 体に十分な水分を補給するのは非常に大事だ。人がどのくらいの水分を必要とするかにはいろいろな要素が絡んでくるが、とりあえず朝起きてベッドを整えたら一、二杯の水を飲んで水分を補給する習慣をつけよう。これを君のルーティーンに組み込むのもいい考えだ。それは朝の小さな勝利になり、一日の始まりに弾みをつけてくれるだろう。

ただし、コーヒーは朝イチに飲まない方がいい。それは絶対無理だという人もいるだろう。でも信じてほしい、研究によればストレスホルモンであるコルチゾールは起床後四五分間は上昇している。[7] つまり一日の始まりにカフェインを避ける方がベストの結果につながるということだ。朝起きた直後、不安とストレス思考が湧き上がってくることがある。コーヒーは脱水状態を加速させ、コルチゾールレベルを上げて不安とストレスをさらに強めてしまう。なので代わりに水を飲もう。水分が補給され、脳の機能は高まり、エネルギーも満ちてくる。最初のコーヒーまで一時間は待とう。こうすると君の朝はとても生産的になり、気分もよくなる。

コーヒーの欠点は、瞬間的にエネルギーレベルが上がっても、その上昇はすぐ止まり、もっとコーヒーが飲みたくなることだ。コーヒーの代わりにイェルバ・マテの木から作ったお茶を飲む人もいる。これもカフェインを含んでいるが、コーヒーほど影響はない。水分補給にもなるし、いろいろ健康にもいいらしい。食欲を抑えるグルカゴン様ペプチド1の生成を促進するので空腹を感じないで済む。(8)

◆エネルギーのプラン

一日のエネルギーの起伏は人によって違う。朝とても生産的になる人もいれば、夜型の人もいる。僕の友人はほとんどの仕事を夜にする。夜更かしを好む人は少ないが、彼にはそれが合っている。

エネルギーレベルが一番高く、生産性が頂点に達する時間を見つけるのは簡単だ。僕はそれをエネルギー・トラッキングと呼んでいる。まさに言葉の通りのやり方だ。起きて活動している時間、アラームを一時間毎にセットして、それが鳴った時、自分のエネルギーレベルを一〇段階で評価する。1はエネルギー無し、10はエネルギー最大だ。これを数日間続けると一定のパターンが見つかり、エネルギーレベルの変化は日々決まっていることに気づくだろう。このデータを利用して、集中力とエネルギーレベルが一番高い時に、変化を起こすための重要な行動を持ってこよう。

僕にとって、エネルギーの利用プランを立てることは毎日の仕事をこなすための必須事項だ。僕は二つの会社を持っていて、毎週三つか四つのポッドキャストの番組を発表し、マインドセット・メンターという自己開発の講座を行なっている。僕を頼ってくれるたくさんのクライアントや従業員、視聴者もいる。変化を起こす仕事をするためには、自分のエネルギーがいつ高まるかを知るのはとても重要だ。

君たちの中には子供を持つ人もいるだろうし、オフィスで働く人もいるだろう。君たちのエネルギープランは僕のとは全然違うだろう。でも僕が自分のエネルギーを一日にどう配置しているかは参考になると思う。

・**午前六時三〇分**　たいていこの時間に起きる。目覚ましが鳴ったらまずベッドを整える。
・妻と一緒に二〇分間瞑想をし、その後、読書をするか日記をつける。
・一日を思い描き、やるべきことリストの三つを選んだら、一つの質問の答えを書く。「今日という一日を素晴らしいものにするために何ができるか？」。僕は毎日それを自問し答える。常に意識的でいられるからだ。ある時は、やるべきことリストの一番目を片づけることで素晴らしい一日になる。楽しむことが必要な時は、仕事を終えてから友人たちとピックルボール（バドミントンと同じコートでプレイするテニスに類似したスポーツ）をすることで素晴らしい一日になる。
・**午前七時三〇分**　コーヒーを淹れ、妻と愛犬と過ごす。一日が超忙しくなる前に一緒に過ごす一時間を意図的に作るようにしている。
・**午前八時三〇分—九時一五分**　この時間は僕のクリエイティブタイムだ。ソーシャルメディアのコンテンツを作ったり、マインドセット・メンターのポッドキャストのネタを考えるのはこの時だ。僕のスタッフは、この時間僕が電話やメッセージに答えないことを知っている。
・**九時一五分**　初めてスマホでメールやテキストをチェックする（それまでスマホは引き出しに入れ

てある）。起きてから三時間たっている。返事が必要なものに答える。そして再びスマホを切り、引き出しに戻す。

・**午前九時三〇分―一〇時三〇分**　エクササイズをする。一日のうちで一番肉体的エネルギーが高まる時だ。もっと遅い時間に高まる人もいるだろうが、僕にはこの時間が一番いい。一〇時三〇分には力がみなぎっている。

・**午前一〇時三〇分―午後二時三〇分**　この間に集中力が必要な仕事を終わらせる。この四時間は僕の「聖なる時間」だ。この時間も僕はメールにもテキストにも返事をしない。一番大事な課題を片づけることに決めているからだ。そしてポケットに入れて持ち歩いているやるべきことリストの一番目も。もしすぐ終わったら二番目三番目も片づける。でも一番目に二時間かかってしまう日もある。なので一番目を優先する。

・**午後二時三〇分**　だいたいいつも最初の食事をする。これから六時まではあまり集中力がいらない軽めの仕事をする。ズームでの連絡やスタッフへの確認などだ。この頃になるとエネルギーレベルはそれほど高くないので、優先事項はその前に済ませておくようにしている。

・**午後六時**　譲ることのできない終了時間だ。場合によってはもう少し遅くまで働くこともあるが、たいてい午後六時には労働を終え、完全に自分をシャットダウンする。終わった仕事は終わった仕事なのだ。

・**午後七時三〇分**　ディナーの時間だ。その後は、翌日の午後二時半まで何も食べない。エネルギーレベルは下降しているので、たいてい妻や友人とリラックスしたり、読書をして過ごす。

・**午後九時三〇分**　就寝の準備を始める。
・**午後一〇時**　翌日の目標と、向上させたい物事を書き出しておく。この作業はとても大事だと思う。寝ている間にこれらの思考を潜在意識に浸透させることができるからだ。
・**午後一〇時三〇分**　この時間までには電気を消す。八時間の睡眠を確保するためだ。

◆きっぱりと終わりにする

仕事を終了する時間を決めておくことは大切だが、結構見落とされている。最初の事業を立ち上げた頃の僕は休みも取らず、朝八時から夜一一時まで毎日働いたものだ。もっと遅くなることもあった。ベッドに入るのは深夜の一時だった。翌朝起きて、同じことを繰り返した。自分の目標を叶えるまで休みなんか取るべきじゃないと思っていた。

僕と同じ考えに取りつかれたことはないだろうか？　これはよくあることだ。でもそれは落とし穴だ。皆大きな目標を掲げ、それが実現に近づくとさらに自分を鞭打ってもっと大きな目標を設定する。それはちょうど水平線を目指すようなもので決してたどり着けない。

そんな状況が変わったのは何年か前、『The One Thing――The Surprisingly Simple Truth Behind Extraordinary Results』（ゲアリー・ケラー／ジェイ・パパザン、門田美鈴訳『ワン・シング――一点集中がもたらす驚きの効果』ＢＳクリエイティブ）という本を読んだ時だ。著者のケラーは世界有数の不動産会社オーナーだ。この本で、彼は休みの時間を作ることの大切さを書いている。最初僕はちょっと抵抗感を持ったが、そこで考えた。この男はビリオネアだぞ。僕の知らない秘密を知ってるかも？

彼は、仕事のスケジュールをエクササイズのように考えることを勧めていた。筋肉に大きな負荷をかけたら成長のための休息が必要になる。人間の脳も同じだ。いつもオーバーワークしていたら燃え尽き、集中力がなくなり生産性が下がってしまう。意外に思うかもしれないが真実だ。休憩をとると仕事の質は上がる。週末にしっかり休めば月曜日にリフレッシュした気持ちで職場に戻れるし、生産性も上がる。

また、休憩の直前にも生産性が上がる。休息時間が迫ってくるプレッシャーのせいだ。休暇の前日にすごく能率がよくなった経験はないだろうか？　一番勉強がはかどるのはいつだろう？　試験の前の晩だ。最高の仕事ができるのは？　プロジェクトの締め切りの前夜だ。締め切り直前になると君の脳は好調になる。他に選択肢がないからだ。

この理屈には最初びっくりだった。労働時間を少なくしてもっと成果を上げるなど信じられなかったからだ。でも、やってみて効率のよさに舌を巻いた。僕の集中力とエネルギーレベルは午後六時には低くなる。なのでそこを終了時間とした。優先順位の高くない仕事はその一、二時間前にサッと片づける。

一日の終わりに、翌日すべきことをすべて書き出す。こうすれば何かを忘れる心配もない。その晩、僕の脳は心配から解放される。その後は完全にスイッチを切り、翌日最高の状態で仕事を再開する準備が完了する。

生活のために仕事に長い時間を費やすあまり、人生を豊かにするのを忘れてはいけない。楽しもう。人生をエンジョイするんだ。すると君の生産性はもっと上がり、仕事がはかどるだろう。

＊＊＊

勢いというものは単純な仕事によって作られる。必要なのは少々のプランと、自分の行動が正しい方向、自分の目標に向いているかに自覚的になることだ。

苦しい戦いをするのではなく、朝から小さな勝利を積み上げ、やるべきことリストを三つの本質的な課題にしぼり、エネルギーが張《みなぎ》っている時間帯にこれらを終わらせる。

これらは大きな変革じゃない。一日の取り組みに対する心構えをほんの少し変化させるだけだ。それは基礎を固め、より意識を高めて集中力が必要な仕事に取り組む準備なんだ。

……この章のポイント……

◎生活のためだからと仕事に長い時間を費やし、人生を豊かにするのを忘れてはいけない。楽しもう。人生をエンジョイするんだ。

【ノートに書き出してみよう】

・ベッドに入る前に今日したことを書いておこう。どう時間を使ったか正直に書こう。

・ただ忙しいだけなのに、自分は生産的であると思いたいがために、どんなふうに自分をだましているか？

・エネルギーレベルがもっとも高い時間に重要な仕事をするために、どうスケジュールを組み替えればいいか？

＊https://robdial.com/levelup/も参照してみよう。

第8章
集中力――生産性の秘密

二〇一一年マスターズでのローリー・マキロイの惨敗（第6章参照）は、彼のキャリアにとどめを刺すことはなかった。多くの偉大なアスリートと同様、彼は自己調整して復活した。コースの上でも外でも、彼は変化した。

数年後マキロイは、トーナメント中に集中するために編み出した、コース外での習慣について語ってくれた。彼は、自分が参加している試合について、メディアが報じているどんな情報も見ないし聞かない。それが自分の思考にネガティブに影響して集中を邪魔するかもしれないからだ。彼は自分を外の世界から完全にシャットダウンする。電話やSNSも使わない。集中を阻害するからだ、ガス抜きのために夜テレビや映画を見たりもするが。彼はトーナメントの期間に集中の邪魔になるものを追い払うよい方法を見つけ、その効果は結果が証明している。マスターズでの惨敗後、彼は四大大会を制覇した。

◆「集中」の筋肉を鍛えろ！

最もシンプルな注意の形である「選択的注意」の定義は、「特定の視覚、聴覚、触覚の刺激に個別的に反応する能力」だ。「持続的注意」の定義は、「持続的、反復的な動作に継続して注意を向ける能力」だ(1)。

集中が深まるほど脳のパワーが使われる。集中度が低いとパワーの消費も少なくなる。集中するほどインプットに対してより多くのアウトプットが得られる。だが多くの人は、目の前の仕事に集中するのに苦労する。なぜ今していることに一〇〇パーセントの能力を傾けたくないのだろう？　集中は生産性のカギだ。より生産的になるほど効果的な行動ができる。

集中力、専心力は訓練で向上する。生まれながらに集中力が高い、あるいは低いということはない。誰でも集中力を高められる。でも、僕らはあまりに長いこと、自ら集中を乱す訓練を続けてきたので、「集中」の筋肉がすっかり弱ってしまい、その結果、僕らは必死で努力しなければならなくなった。

つまり、より意識的、積極的になる方法、そして一日を消極的な受け身にでなく、前向きに生きる方法を学ぶ必要が出てきたんだ。これを始めると、君は集中して物事を成し遂げるために必要なマインドセット（心構え）を創造し始める。

そして君は、何かに「イエス」ということは、他の何かに「ノー」ということだと理解する。

何かに集中し、それを終わらせようとしている時に友達からのテキストメッセージに答えるのは、今している仕事よりもテキストメッセージの方が重要だと言っているのと同じだ。エネルギーレベルが最高の時にインスタグラムをスクロールするのは、自分を変える行動よりもインスタグラムの方が大事だと認めることだ。
「集中すること」と「気が散ること」は同じコインの裏表だ。君の集中力が伸びるほど、意識が他のものに邪魔されることは少なくなる。もちろんそれでも心はさまよい出すだろう。君の脳は相変わらず邪魔してくる。でも集中の訓練を続けていれば、今必要な仕事に自分を引き戻すのはどんどん簡単になってくる。

マインドフルネス瞑想と同じで、気が散ったらそのことをすぐ認識し、それに囚われず元の対象に集中を戻す行為は心の筋肉を強くし、君の意識をさらに深める。[2]これを何度も繰り返していると、そう簡単には集中を乱されなくなったことに気づくだろう。

こうなるのは不可能ではないし意思の力も必要ない。僕がリサーチし、自分で試して集中力を高める効果を確認した七つのツールを紹介しよう。人によって効果の違いがあるかもしれない。いろいろ試して自分に一番合うものを見つけよう。「ポモドーロテクニック」、「視覚集中」、「光」、「音」、「チェックパートナー」、「体を動かす」、「冷水浴」(マジか!)などのツールを使うと、今と比べたらスーパーヒューマン並みに高い集中力が手に入る。これこそレベルアップというものだ!

◆集中力を高めるツール1＝ポモドーロテクニック

ポモドーロテクニックはシンプルなタイマーを使って時間を管理する方法だ。タイマーをセットして二五分間一つの課題に集中する。一つの課題だけだ。他のことをしてはいけない。二五分過ぎたら五分間休憩する。そしてまた二五分間作業し、五分休む。四回繰り返せば一〇〇分のハードワークをこなしたことになる。

二〇一六年、二〇〇〇人のオフィスワーカーを対象としたイギリスの研究によると、平均的な従業員は八時間労働において正味三時間以下しか仕事をしていなかったという[3]。ポモドーロテクニックを使えば一日にこなせる仕事量は二倍になる。一年間みっちりこれをやったら、君の競争力がどのくらい上がるか考えてみよう。集中して仕事をする方法は、こんなにもパワフルなんだ。やり方は次のようなものだ。

まず集中を邪魔するものを排除する。スマホをどこかにしまい、必要ならノイズキャンセリングのついたヘッドフォンを使って外の音をシャットアウトしよう。僕はいつもコーヒーかお茶かマテ茶を用意する。神経を研ぎ澄ますためだ。

ブレイン・ダンプ（脳の掃除）をして心をクリアにする。ブレイン・ダンプとは、ペンと紙を用意して頭の中を漂っている思考をすべて書き出すことだ。こうすることでそれらを追い出せる。大きいことも小さいこともすべて書こう。これをすると、何かを忘れるんじゃないかという心配から解放される。ポモドーロが終わったらすぐにやるべきことに戻れる。集中している間はこれらを心の外に置いておこう。ノートはそばに置き、浮かんできたアイデアはすべて書こう。そうすればそれらに集中を乱されることも、時間を奪われることもない。そしてアイデアもキープできる。ノートが気にならないように、書き込んだらそのページをめくっておこう。脳の中に付けた「見出し」はすべて外しておこう。君の集中力がカバーする範囲が広がるはずだ。

仕事を始める時間になったらタイマーを二五分にセットする。スマホのタイマーは使わない方がいい。それ自体が集中を邪魔してしまうからだ。始めてすぐは、集中が途切れることなしに二五分間仕事し続けるのは難しいかもしれない。でも練習を重ねて頑張り通せば、集中力はグッと深まる。今、君の心の筋肉は弱いかもしれない。でもそれは鍛えられる。練習するほど集中力はつくんだ。やがて三〇分間、三五分間と持続力が伸びていくだろう。多くの人は「四五分間集中し一〇分休む」という、僕がポモドーロプラスと呼んでいるバージョンをやっている。でもまずは二五分間集中、五分休む方から始めてほしい。君の集中筋肉が強くなるまでは。

タイマーを五分の休憩にセットする。この休憩はものすごく大事だ。スマホを見たり他のことをしてはいけない。外に出て心を解放しよう。遠くの景色や地平線を見つめよう。散歩に行くのもいい。前にも触れたが、太陽の光は君の意識を研ぎ澄ませる。なるべく外に出よう。休憩をとると、「海馬の再生」と呼ばれる現象が起こる。[4] 海馬は睡眠中に記憶を保持しておく部分だが、それが君が最後にした行動を再生する。再生速度は実際の行動時間の一〇倍で、学んだ情報をすぐに蓄える。新しいことを学ぶ時、特に楽器の習得などにポモドーロテクニックがとても効果的なのはこれが理由だ。五分経ったら再び二五分間仕事に集中する。

「僕は机に向かう仕事じゃないんだよ。この方法はできない」、あるいは「僕の仕事はスマホ無しではできないんだ。しまい込むなんて無理だよ」という人がいるかもしれない。不動産関係の仕事などがよい例だ。僕の母はずっと不動産業だった。姉と義理の兄弟も不動産業だし、親しい友人二人もそうだ。そのうち一人はいつもスマホに張り付いていて僕をイライラさせる。いつも物件の画面をスクロールし、一日中電話対応している。提案のメールを書いたり物件をアップロードしたり、日々の事務処理もこなさなくてはならない。君が不動産業者か似たような職種に就いてるなら、二五分のポモドーロを一日に一、二回するだけで仕事の生産性は爆上がりし、能率的に働ける。たった一時間か三〇分でも電話をオフにできないなら、他のやり方で境界線を設定し、自分を遮断する方法を考えよう。そうすれば集中した仕事ができる。

◆マルチタスクは神話だ

ポモドーロテクニックにずば抜けた効果があるのは、それがマルチタスクではなくシングルタスクだからだ。もしかしたら君は、自分がマルチタスクをこなせると思っていないだろうか? 断言しよう、それは間違いだ。マルチタスク型人間などどこにもいない。それは不可能なんだ。複数の仕事をしようとすると集中力は分散される。サンドイッチを作りながらポッドキャストを聴くぐらいなら可能だが、仕事に集中したり、複雑な物事を片づけようとする場合、マルチタスクは集中力を分割し、君はタスクスイッチングという状態に落ち入る。脳が複数の課題を切り替えながら行なうので処理速度は落ち、情報を取りこぼし、ミスも犯す。いちいち再設定して次の課題に移るためだ。(5)

マルチタスクが成果を損なうことを証明した研究はいくつもある。心理学者のポール・アッチリーはハーバードビジネスレビューの記事の中で語っている。「約半世紀にわたる認知科学の知見と最近の研究によると、マルチタスクの実践者は処理効率が低く情報も見落としやすい。例えばEメールなどで集中が途切れた場合、最初の仕事に集中を戻すのに時間（平均一五分）がかかる。効率は最大四〇パーセント下がる。長期記憶に悪影響があるうえ、創造性という、異なるさまざまな事象を心に留めておく必要のあるスキルも阻害される[6]」。

こういう主張はたくさんある。マルチタスクが仕事の質を下げるという研究結果は続々出ている。マルチタスクはやめておこう。意識を一つのことに集中して動かさない。脳のパワーを一〇〇パーセント振り向けて一つ一つの行動に集中しよう。そうすれば早く片づき、クオリティーも上がる。

二五分間集中できるようになるまで時間がかかるかもしれない。だがこれはちょうどジムでトレーニングするようなもので、続けていれば進歩の結果が見えてくる。カル・ニューポートは著書、『Deep Work: Rules for Focused Success in a Distracted World』（門田美鈴訳『大事なことに集中する——気が散るものだらけの世界で生産性を最大化する科学的方法』ダイヤモンド社）で、能力の秩序だったストレッチ、「意図的な練習」について書いている[7]。ポモドーロテクニックは集中力を高める方法だが、うまく行かなくても自分を責めないでほしい。僕にしても、調子のいい日は四五分間集中できるけれど、ダメな時はやっと二五分だったりする。でも僕は毎回必ず二五分間は続ける。

マルチタスクは
神ならできる!?

◆気乗りしなくてもやってみよう

始めに抵抗を感じても焦らない。新しいことにトライする時は抵抗感がある。それは創造性が阻害されているわけではなく、脳が新しい行動を拒否しているだけだ。新しいチャレンジに及び腰になっているんだ。脳はじっとしてエネルギーを消費しないことを指向する。そんな時は踏ん張って集中するべきだ。

僕ら作家でも、突然、原稿が書けなくなることがある。そのスランプから脱出するには、とにかく「書くこと」だ。何でもいいから書こう！「今日は火曜で僕は黒いTシャツを着ている。朝食には卵を食べた」でも構わない。心に浮かんだものを片っ端から書く。ジムでダンベルを上げる前の準備運動と同じだ。要は脳をウォーミングアップすることだ。最初の六分間はつらいかもしれない。でも気力を振り絞って仕事に集中しよう。一度乗り越えてしまえば次はもっと簡単になる。

自分に合うポモドーロのパターンを見つけよう。大事なのは一定時間、外の世界を遮断して仕事に集中し、没入し続けることだ。没入するための儀式が習慣化されれば脳は次第に慣れ、行動しない理由を並べることも少なくなるだろう。

◆集中力を高めるツール2＝視覚集中のテクニック

ワーキングスペースやデスクで、自分の視野を目の前の小さな部分に固定し、集中を深めることができる。

僕たちの目の受容体の密度は視野の中央に行くほど高くなり、周辺は低い。中央にあるものがよく見えて、端に行くほどぼやけるのはこのためだ。視覚が鮮明なほど注意力と心の集中は深まる。

仕事でコンピュータを見続ける場合、あるいはポモドーロテクニックを始めようとする時、まず視覚の焦点に集中しよう。自分の目の前の何かに焦点を合わせ、それを二分間ほど見つめる。視覚の窓を制限して視野の周辺のものは無視し、まばたきもできるだけ少なくしよう。焦点を合わせるのに少し時間がかかるかもしれない。でもすぐに脳がウォームアップされてくるのがわかるだろう。これは輻輳開散《ふくそうかいさん》運動と呼ばれるもので、目の焦点調節に関連するホルモン、エピネフリンとアセチルコリン（神経細胞が信号を伝達する神経伝達物質）を呼び込む。目の焦点が合うと集中力も上がる。[8]

今日、執筆を始める前、僕はパソコンに目の焦点を合わせたあと、帽子をかぶり、服のフードも頭にかぶせて周辺の視野をカットした。これは必ずしも必要ないが、僕には役立つちょっとしたハックだ。

今すぐ試してほしい。まずこの本を見つめ、その後眼球は動かさずに視野をできる限り左に、そして右に広げてみる。これをすると目はリラックス状態になる。そうなったら今度は本の文字をできる限りじっと見つめる。トイレットペーパーの芯の穴から覗いて左右が見えない状態を想像してほしい。まばたきもできるだけ我慢する。脳がますます研ぎ澄まされるからだ。数分間焦点を合わせていると集中力が増してくるのに気づくだろう。

ただ、この焦点集中状態は長くは続かない。目が疲れてくるからだ。視覚や心の集中を四五分間続けたら、五分間視野を広げて目をリラックスさせよう。ディティールは見えにくくなるが視野は広がる。広い視野で見る時は周辺部も使おう。細部は見にくいが、視線を遠く、地平線などに向けて全体

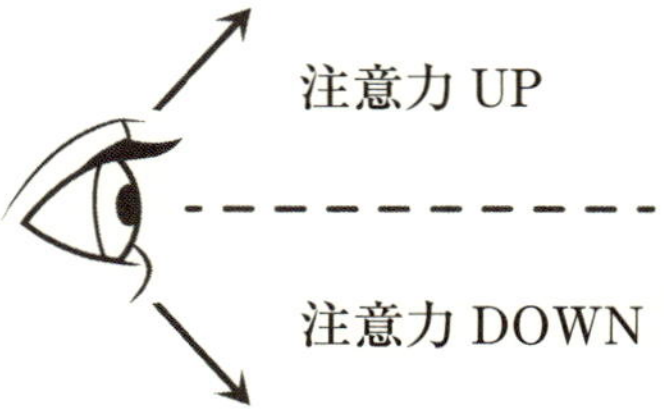

を見通す視力（パノラミック・ビジョン）を使おう。四五分間の集中のあと目をリラックスさせることはポモドーロテクニックと素晴らしく相性がいい。これは集中が必要な時にこのテクニックがとても有効な理由でもある。また、五分間の休憩の時にスマホを見ない理由もこれだ。スマホを見ると視野が狭まってしまうからだ。

上目づかいに見ることも有効かもしれない。少なくとも鼻より上に視点を保つと脳が活性化する。[9] 見下ろす感じの下向きの目線は、目の神経細胞が穏やかさや眠気を起こす脳の部位を刺激し、君の集中力は低下する。だが多くの人はコンピュータで仕事をする時にこの視線になる。鼻より下を見下ろしてしまうのだ。だが幸い、反対の作用をする神経細胞もある。これは鼻より上を見ることで活性化できる。こうすると注意力を司る部分が刺激される。集中力を保つために、外付けモニターを使って鼻より上に視点を保って仕事をすることを勧めたい。

◆集中力を高めるツール3＝光

光、特にブルーライトは集中力に驚くほどの影響を与える。前にも触れた通り、普通の白色光はいくらかのブルーライトを含んでいる。僕らはたいてい日中に仕事をするが、それはほとんど室内だ。なので仕事環境はできるだけ明るくする必要がある。目を細めたくなるほど明るいのはまずいけれど。可能ならばデスクを窓際に置こう。できれば窓を開けて太陽からのブルーライトを取り込み、目を刺激しよう。ブルーライトは君の目に相当の刺激を与え、生産性を高めてくれる。

ブリガム&ウィメンズホスピタルの研究によれば、ブルーライトに直接さらされると注意力とパフォーマンスが上がり、記憶や認知機能、さらには気分までも増進するという。[10] 日中ずっとブルーライトに当たっていると体内時計が調整され、睡眠の質が向上する。これをすると脳の集中が高まる。

室内で働いているとブルーライトに当たるのが無理な時もあるかもしれない。まぶし過ぎて目に悪いので部屋に光を入れたくないという人もいるだろう。でも十分な明るさは必要だ。網膜の感度は人それぞれだということを覚えておいてほしい。他の人より強い光に耐えられる人もいる。一般的に、目の色が濃い人は明るい色の目の人よりも光に耐えられる。

頭上の明かりはできるだけ明るくした方がいい。光に対する瞳孔の反応を司っているメラノプシン神経節細胞と呼ばれる光受容体は、主に網膜の下半分に集まっていて、人間の視野の上半分を知覚している。なぜか？　太陽が頭の上にあるからだ。そこでこれらの細胞に、太陽が出ていると思わせるのだ。細胞が光の粒子を受けていると、それらは脳に信号を送り、脳はシャキッとした状態になる。暗い部屋で集中したり、注意力を保つのが難しいのはこれが理由だ。光が脳にメッセージを送り、覚醒させるホルモンを作らせるのと同じように、暗闇はメラトニンを作らせる。[11] 頭上のライトがない場合、リングライトは安価だし、目のさまざまな細胞を刺激するブルーライトも放出する。僕は自分の目の前、ディスプレイの上に設置している。

君が室内で働いているなら可能な限り外に出よう。休憩の間、僕は必ず外に出て太陽の光を十分に浴びるようにしている。太陽光の中にいるだけで、目と脳に、今はシャキッとして仕事を片づけるべき時だと解らせることができる。大した効果がなさそうに思えるが、一日中部屋にこもっているよりも生産性はずっと高くなる。外に行けなければ太陽光ランプも有効だ。

日が落ちたら照明を暗くして他の戦略に切り替えよう。夜に明るい光を浴びるのは体内時計のリズムや代謝、そして睡眠に悪影響を与える。夜に働く必要があったり、君が夜型である場合を除いて、不自然な時間帯に明るい光を使うと体内時計が狂ってしまう。特に夜間のブルーライトは致命的だ。脳が緊張状態になり、睡眠を助けるメラトニンの放出も遅れるからだ。だから寝る前はスマホなどの機器を使わない方がいい。

要は、太陽が出ている間は光を浴びて、日が落ちたら強い光を避けるということだ。こうしていれば、脳はいつ集中していつリラックスすべきかを理解する。

◆集中力を高めるツール4＝音

音を使って集中する方法は二つある。まわりの音を大きくするか、制限するかだ。周囲の音への忍耐力は人それぞれだ。コーヒーショップで仕事をしたがる人もいれば、静かな図書館を好む人もいる。また、周囲の音の中で集中を維持する能力は、日によって変わる。

静かな集中が必要なら、できる限りプライベートな場所を見つけよう。ノイズキャンセル機能のついたヘッドフォンはすごく役に立つだろう。どこで仕事をする時も、僕はノイズキャンセルヘッドフォンを持っていく。これは人々に対する「邪魔してほしくない」という意思表示にもなる。

僕が見つけた集中を助ける方法は、ある種の音楽を聴く、あるいは同じ曲を何度も聴くことだ。集中したい時、僕は同じ曲をリピートする。僕が仕事の時に聴くのはその曲だけだ。そうすれば、それを聴いた時は集中する場面なのだ、と脳に学習させることができる。これはいわゆる古典的動機づけ――ベルが鳴ると餌を期待するパブロフの犬――だ。君もやってみてほしい。君にピッタリの曲を見つけよう。歌詞のないものがいい。二つの微妙に異なる周波数による音声、バイノーラルビートも僕にとってはかなり効果的だ。もっともこれについての研究結果はまちまちだが[12]。YouTube や Spotify に山ほどサンプル音源がアップされている。

ある音は集中を深め、ある音は邪魔する。このへんは注意が必要だ。オフィスのエアコンの音に邪魔される人もいる。音がしているのに気づかないことさえあるが、それでもストレスや不安の原因になり集中が削がれることもあるので、長時間のホワイトノイズ再生は避けた方が無難だ。ホワイトノイズの有効性に関しては、陪審員の結論待ちである[13]（ホワイトノイズとは、集中力を高めたりリラックス効果があるとされる雑音）。

音楽その他の音に関しては、いろいろトライしてみるしかない。また、音がうるさかったり、合わなかったりすると生産性が下がり、無音の方が集中できることもあり得る。とりあえず試して自分に合うかみてみよう。

◆集中力を高めるツール5＝チェックパートナー

君がすべきことをしているかチェックしてくれるチェックパートナーを作っておくのは、目標を追求する上で素晴らしい方法だ。

同じ目標を持っている親しい友達がいれば最高だ。目標が健康やフィットネスなら一緒にジムに行ったり食事のプランを作ることもできる。互いのモチベーションも上がるし、相手が計画通りにやっているかもチェックできる。ビジネスパートナーでもある僕の親友は、一五年来チェックパートナーの役目を果たしてくれている。彼なしではさまざまな目標を成し遂げられることもなかっただろう。こういう人が身近にいると本当に役立つが、見つからない場合もあるだろう。

同じ目標を持つ家族がいない、あるいは自分は友達の間でも浮いた存在だ、という声はよく聞く。でも、そういう人が見つからなくても大丈夫だ。君に必要なのは行動をチェックしてくれる誰かだ。君が間違いをしでかした時、すぐさま電話してきて文句を言ってくる煩わしい友人を思い浮かべてみよう。彼こそが理想のチェックパートナーだ。

君は週四回エクササイズして減量しようとしている。彼が無惨な体型だとしても問題ない。彼に、これから週四回ジムで自撮りした写真を送る、送らなかったら一〇〇ドル払う、と伝えよう。彼は君が約束を果たすかしっかり見張る、理想のチェックパートナーになるだろう。何しろ一〇〇ドルかかっているのだから。君が責任を果たし、約束を実現する可能性も高まる。一〇〇ドル失うのは君なのだ。そんな友人はいるだろうか？　そして彼がしっかりチェックしてくれるように、どんな取り決めをすべきだろうか?

別のやり方として、シンプルに、チェックパートナーに自分の進歩を報告するというのもある。ピアソンの法則（イギリスの統計学者カール・ピアソンが提唱した）によれば、パフォーマンスが計測されていると結果は向上するという。計測だけでなく報告も行なうと、進歩は爆上がりする。結果を追跡するだけでなく、責任を追求してくれる誰かがいると、君の進歩は指数関数的に加速する。

僕のクライアントの一人は、体重を一三キロ減らすという目標を掲げていた。僕はピアソンの法則を使うことにした。僕はフィットネスのコーチでもトレーナーでもないので、ダイエットやエクササイズの指示はしなかったが、代わりにブルートゥースでスマホとつながる体重計を買うように言った。彼は毎朝これに乗り、体重やその他の有益な情報を得た。だがまず重要な第一歩は、進歩の度合いを測ることだ。週の終わりに話し合いをする前に計量結果のスクリーンショットを送ってもらった。これは彼に責任を自覚させ、やる気を与え、進歩のない日や後退した日はもっと努力が必要なことも理解させた。作戦は大当たりした。始めて四カ月で最初の目標を上回り、彼の体重は一〇四キロから八八キロに減った。

もちろん毎日やる気満々というわけにはいかないだろう。気が乗らない時や、何もやりたくない時もある。そんな時チェックパートナーは君に責任を自覚させ、目標を達成させる。またチェックパートナーは一人だけである必要もない。目標達成の援助はできるだけ多くの人にしてもらった方がいい。

◆集中力を高めるツール6＝体を動かす

怠惰はさらなる怠惰を生む。行動はさらなる行動を生む（そしてやる気は行動を生む）。残りの二つのツール、「体を動かす」と「冷水浴」を見ていこう。非常事態に役立つツールだ。

やる気が出ない時にすべきことは体を動かすことだ。立ち上がり、体を動かし、心臓の鼓動を速める運動をしよう。近所をちょっと歩いたり、ジャンピングジャック（両手両足を開閉しながらジャンプする）を一〇〇回したり、YouTubeの一〇分間エクササイズをしてもいい。音楽をかけて踊り、心拍数を上げるのもいい。

ハーバード大学医学部の精神医学教授、ジョン・ラトニーによれば、「エクササイズは私たちの思考能力を高める」そうだ[14]。それは作業記憶、優先順位の決定、注意力の保持などの能力を高める。またラトニーは、エクササイズが集中力を二、三時間向上させるとしている。それはさらに気分や睡眠、そして健康全般を向上させ、血流を改善し血中酸素レベルを上げ、エネルギーレベルを高めてくれる。

エクササイズの最中は、学習や記憶に重要な役割を果たす海馬も活性化する。二〇一五年にオランダで行なわれた一〇歳から一三歳の生徒を対象にした研究では、二〇分間の運動を二回行なった子供は選択的注意力が向上したそうだ[15]。

体を動かすことで目標追求に必要な動機、勢いが生み出される。体を動かして不活性の連鎖から抜け出そう（どんな行動でもかまわない。タイピングすることでもいい）。行動することがずっと簡単になるだろう。

体を動かす恩恵は本当にたくさんある。仕事をする場所を変えてみよう。一仕事終えるごとに作業する場所を変え、集中力が向上する人もいる。他の部屋に行ったり席を替えるだけでも気分が一新され、集中力が研ぎ澄まされるという。

◆集中力を高めるツール7＝冷水浴

皆が大嫌いな方法だが、保証する、コーヒーを一気飲みするよりはるかに効果的だ。冷たい水に飛び込んだり氷水に浸ったり（安全を確保している場合だが）、冷たいシャワーを浴びる、などは、やる気を増進するドーパミンのレベルを爆上げする。研究によれば、摂氏一四度の水に首だけ出して一時間浸かるとドーパミンの濃度は二五〇パーセント（！）上昇する。[16] ドーパミンレベルが高いと行動に打ち込む意欲が湧く。ドーパミンについてはＰＡＲＴ３で説明しよう。

冷水法は、気が進まない仕事をする時にモチベーションを上げるのにも非常に有効だ。僕も、モチベーションが上がらない時や非常事態にはジャンピングジャックを一〇〇回と、水温四・四度のプールに四分間浸かる。どんなに疲れていてもやる気がなくても、これをすると壁だってぶち抜ける気がしてくる。

＊＊＊

紹介した七つのツールは集中して事を成し遂げるためのルーティーンを確立する助けになるだろう。特にモチベーションが上がらなくて困っている時に役に立つ。

七つすべてを試して自分に合った方法を見つけよう。そしていくつかをいつも使えるようにしておこう。次の章でこれらをまとめる時に役立つはずだ。

【ノートに書き出してみよう】

・日常的にしておきたい、生産性を上げるための行動を書き出そう。

・この章で紹介した七つのツールをテストした結果と、それらが集中力向上にどんな効果があったかを書いていこう。
・チェックパートナーとしてふさわしい友人のリストと、ふさわしい理由を書き出そう。君が目標実現の責任を果たすために、それぞれのパートナーとどんな取り決めをしたらよいかを考えよう。
・七つのツールを日常生活の中でどう使うか？　自分自身あるいはチェックパートナーとの約束を書き出そう。

＊https://robdial.com/levelup/も参照してみよう。

PART 3

習慣をつくり、継続しよう

自分が行動しない理由を理解することと、マイクロアクションを使った計画は君を大きく前進させる。でも勢いを継続する方法がわからないと成功にはたどりつけない。

エキサイトして何かを始めたのはいいが、数日か数週間で投げ出してしまった経験はないだろうか？　多くの人がやる気満々で事を始めるが、目的を達成しないで終わる。せっかく変化を起こしたのに、それを持続できなかったのが原因だ。

ここから脱出しよう。これは君と成功の間に立ちはだかる最後の障害物だ。

コツは、君の脳を敵ではなく味方につけることだ。

ラッキーなことに脳にはシナプスの結びつきを作ったり再編成して変化・順応する能力がある。これを「脳の可塑性」という。脳の可塑性とドーパミンによる報酬制度を組み合わせると、君は「行動すること」に夢中になる。もう自分の尻を叩く必要もなくなり、自然に行動できる。

これこそレベルアップというものだ。

第9章
続ける——日々のやる気を保つマイクロアクション

僕がまだ一九で営業の仕事をしている頃、やる気が全然なくなった時期があった。電話もかけず、すべき仕事もしなかった。もっとまずいことに、いろいろ言い訳を並べたうえに、人生が思い通りでない事を他人のせいにしていた。当時のコーチに愚痴ると、彼は質問してきた。

「ビジネスがうまくいかないのは誰のせいだい？」

「うちのＣＥＯだろうね」。僕は答えた。

「もしビジネスがうまくいって、数千人の社員が前向きに仕事していたら、それは誰の功績かな？」

「ＣＥＯだね」。僕は再び答えた。

「君の人生がいよいよ終わりに差しかかった時、幸福も愛も得られず、望んだことも何一つ実現していなかったとしたら、それは誰の責任だ？」

「それは自分だな」

「じゃあ君が大成功し、世界に多大な影響を与えて、挑戦したことも全部成功したとして、それは誰のおかげだと思う？」

「自分だ」

「なぜ君が欲しいものを得られないのか教えよう。自分の人生をビジネスのように捉えてないからだ。君は人生のＣＥＯにならなきゃダメだ。物事がうまくいかないのは誰でもない自分の責任なんだ」

この言葉は今まで受けたどんなアドバイスよりも僕の胸に刺さり、人生の方向性を変えてくれた。その瞬間、人生は変わりはじめた。言い訳をやめ、世の中を別の視点から見るようになった。すると、日々僕がすること（あるいはしなかったこと）は僕の目指す目標、なりたい自分に沿うものでないことがわかってきた。

そして、人生を変えるには毎日自分がすること・しないことの選択から始めるべきだと悟った。言い訳を続けるか、結果を出すかだ。他の選択肢なんてない。二つを同時にやることはできない。君は選択しなければならないんだ。

一六年後の今になって振り返ると、僕は正しい選択をしたと思う。僕が今の立場に到達できたのは、何か大きな出来事があったからじゃない。常にマイクロアクションを積み重ね、成功のためのルーティーンを確立したからだ。当時、マイクロアクションなんて取るに足らないように見えたが、実は一番大きい、インパクトのある原因だった。それらは長年積み重なっていくのだから。

フランス人シェフ、フェルナン・ポワンは言った。「成功は正しい行動の積み重ねだ」

セオドア・ルーズベルトが残したと言われる次の言葉も、意味することは同じだ。「真の成功と良き人生をもたらすのは、小さいことをしっかりやり遂げることだ」

目標に到達するために、賢い人間、最短で成し遂げる人間、才能溢れる人間である必要はない。唯一大切なのは一貫した習慣だ。毎日一心に行動し、正しい方向を目指し正しく行動すれば、最終的には目標にたどり着ける。とはいえ、多くの人はここでつまずく。

僕はいつも、「ゴールを設定して一、二週間ほど行動するけれど挫折してしまう」という相談メッセージを受け取る。君にも覚えがあるかもしれない。彼らはいつも、習慣を保つのに苦労する、と言う。でもそれは正確な表現じゃない。「僕は物事を続けるのが苦手だ」というのは自分のアイデンティティについての表現だ。今から、自分について語る時に使う言葉にもっと注意を払おう。特に自分のアイデンティティに関わる言葉には。

PART1で見たように、僕らの行動はいつもアイデンティティと合致する。過去、君は行動を継続するのに苦労したかもしれないが、だからと言ってそれが君のアイデンティティというわけじゃない。

「僕は物事を続けるのが苦手だ」と言う代わりに、「僕は過去に習慣を続けることができなかった、でも今はそれを保とうと毎日努力している」と言おう。僕自身、行動を継続することにはひどく苦労したが、だからと言って今、そして未来に同じ問題を抱えなければいけないわけじゃない。

多くの人がこの問題でつまずくのは、役に立つツールを知らないからだ。それがこの章のテーマだ。まず、「自制心―躾け」に対する考え方を変えることから始めよう。

◆自制心を鍛える

君は営業の仕事をしたことがないかもしれないが、何かの行動をするために自分の心を説得する時の君は、間違いなく世界最高の営業マンだ。何か難しいことに直面した時、頭の中の声は僕らを説き伏せ、行動を止めようとする。だが忘れないでほしい、心と交渉してはいけない！　人々が行動を起こせないのは、心と交渉し、そして言いくるめられてしまうからだ。

そういう声を追い払う一つの手は、心を躾《しつ》けることだ。ところで躾けとは何だろう？　ある人にとってそれは悪い意味合いを持っている。悪さをした子供や犬を躾ける、みたいなことだ。でも、僕が思うにそれは全然悪いことじゃない。

僕の考える自分への躾け＝自制心は、自己愛の一種だ。自分にとって意味あることをするには、自制心が絶対必要だからだ。それは二つの部分からできている。

1　自分がやると言ったことをする。

2　たとえやりたくない時でも、自分に必要なことをする。

よく聞く言い訳は、「もし自分が仕事を愛していたら、もっと自制心が持てるのに」、あるいは「自分で会社を経営していたら、もっと自制的になれるんだが」というやつだ。よく考えてみてほしい。これはまったくナンセンスだ。自制心は自分の好きなことをやって身につくものじゃない。やりたくないが、やるべきだと思うことをして得られるものだ。自制心を鍛えたいなら、自分の嫌いな仕事をしている時こそチャンスだ。そこで高い能力が発揮できるなら、好きなことを始めた時はそれこそ無敵だ。

気づいてないかもしれないが、僕らは自分の自制心を台無しにし、人生を諦めるように自分を訓練している。ゴミを出しに行く途中で中身を落としたことはないだろうか？　そんな時、誰かが拾ってくれるさと思うだろう。服を片っ端から試してベッドの上に投げ出し、あとで片づけようと思ったことは？　ソファに寝転がって、やるべきことを思い出さないようにしたことは？　君だけではなく誰でもやることだ。頭の中の声はいつも抵抗する。大事なのはそれを相手にしたり、交渉しようとしたりしないこと、抵抗をあるがままにさせておくことだ。なぜか？　働きかけるとそれは抵抗するが、放っておけば自然と収まるからだ。

◆五秒数えて、ただやる

物事を諦めるように自分を訓練してきたのだから、自制心を持つよう訓練することもできるはずだ。骨が折れるのは怠惰のサイクルを壊して一歩を踏み出す部分だ。とても無理だと感じるかもしれない。でも解決するのは簡単、ただやればいい。やるべきことをすべてやれ、と言っているわけじゃない。まずいくつかをやればいい。とりあえず体を動かしてみよう。腕立て伏せかジャンピングジャックをしよう。ちょっと散歩に行ってみよう。

体を動かせば体内の化学物質が変化する。呼吸や心拍数も変わる。そして君の心と体は目標を目指す準備ができる。

メル・ロビンズは著書『The 5 Second Rule』（福井久美子訳『5秒ルール――直感的に行動するためのシンプルな法則』東洋館出版社）でこのコンセプトについて語っている。何かをしなければならない時は、五秒数えて体を動かす。僕も数年間、似たようなことをしていた。僕の場合は三秒だった。僕は子供みたいにシャイで、友達やガールフレンドを作るために、コミュニケーションの仕方を学ばなくてはならないほどだった。それでも、チャンスが来てもナーバスになって何も言えなかったものだ。そこで僕は、会話のきっかけになる言葉を思い浮かべ、三つ数えてそれを言うことにしていた。

僕は今でもいろいろな状況でこれを実践している。そして以前ほど難しくはなくなった。自分を鍛えて心と交渉しないようにしているからだ。自分に立ち止まって考えることを許さない。ただやるんだ。

エクササイズをする時は、今でも毎日そうしている。エクササイズはあまり好きではないからだ。僕はジムに行くのを楽しみにするような人間じゃない。「イエイ、今日は足を鍛える日だぜ」なんてセリフは言ったためしがない。他にやりたいことは山ほどある。そしてエクササイズをしない言い訳もたくさんある。でも自分に鞭打ってエクササイズする。それはまず動くことから始まる。ジムに着いてもまだ心は抵抗する。心の声は早めに切り上げるべき理由をあれこれ並べ立てる。それでももうちょっと、あと一セット、一種目続ける。こうすると脳内の化学物質と体が変わり、続けるのが簡単になる。もっとジムに居たいとさえ思う。エクササイズが終わると爽快感でいっぱいになり、思い切ってジムに来たことに感謝が湧いてくる！

◆片足を突っ込んでみる

行動を起こすもう一つの裏技は、とりあえず「片足を突っ込んで」しまうことだ。僕は皿洗いが大嫌いだ。ジムに行くよりもっと嫌だ、洗濯よりも嫌だと言えば、どのくらい嫌いかわかるだろう。でも僕は皿洗いを終わらせる（いつもではないが）。自分にこう言い聞かせる、「すべての皿を洗うんじゃなく、とりあえず一枚だけ洗おう」。そして実際に一枚だけ洗う。なぜか？　一枚洗ってみるとこんな気分になる。「もう一枚やってみるか」。で、洗う。そして次々洗ってしまう。やがて僕は全部の皿を洗うことに集中している。毎回うまくいくわけじゃないが、やるべきことは、失敗よりも成功体験を多くして、ポジティブな勢いをつけることだ。

最初の心の抵抗で、多くの人は引き下がり行動を諦める。でもとりあえず行動してドアに片足を入れてしまえば抵抗を少しずつ弱めていける。

大成功する人々は常に、あとちょっと続けよう、少しだけ上達しようと考える。彼らは自分を限界以上に追い込む。そうすると別のレベルが開けるからだ。こういう考え方を人生に持ち込めば、何を目標にしようと、今の君には想像がつかないほど新しい自分に変身できる。大変なのは一歩踏み出すことだ。

◆始めたら必ず終わらせよう

別の裏技は、どんな小さなことでも始めたら絶対終わらす習慣をつけることだ。僕は睡眠という行為を終わらすために朝のベッドメーキングをする。食事という行動を終わらすために食後は必ず皿を洗う。洗濯という行為を終わらすために洗った服を片づける。こうしたからといって僕の生活が変わるわけじゃない。でも始めたことは終わらせる、ということを脳に習慣づけられる。こういう態度を人生のあらゆる面に持ち込めば、六カ月もすれば自制心が身につき、もっと大きな目標で同じことができるだろう。本当の秘密は、心が止めようと言ってもそれに従わないことだ。もっと上、もっと先を目指そう。これを習慣にすれば行動に勢いがつけられる。

◆「あと一〇秒」頑張る

ジムでトレッドミルをやっていた時、一〇分間乗るつもりだったが九分五〇秒でストップボタンを押しそうになったことがある。その時、頭の中で何かがひらめき、一〇分間やりきらなきゃいけないことを思い出した。些細なことに思えるだろう。たったの一〇秒間だ。ボタンを押して終了しても誰も気づかないし気にも留めない。肉体の面でも大した違いはない。だが精神的には自分を失敗に追い込むことになる。ジムで目標を達成できなければ、人生の目標なんか到達できるわけがない。一つの物事のやり方は、他のことにも現れると思う。逆に、あの日以来僕は、決めた目標の一パーセントだけ余計にやることにしている。

ジムワークで言えば、目標プラス一パーセントは数秒間余計にミルに乗るか、運動を一、二回多くやることだ。すべてを数値化するのは難しいが、僕の場合の一パーセントのプラスとは、夜ベッドに入る時、自分がレベルアップし昨日よりも前進したと思えることだ。こうした変化はその時すぐにはわからないが、積み重なると大きな配当がもらえる。一番大きいのは、物事をやり切るだけでなく、必要以上の事をやるよう君の脳を条件づけられることだ。

自制心を鍛えることは成功するために一番大事なスキルの一つだ。自制心がつけばつくほど、行動の回数は多くなる。そして行動すればするほど、人生の変化は早まる。

自制心は君が愛する仕事によっては磨かれない。それは好き嫌いに無関係に、毎日のちょっとした物事によって鍛えられる。僕は、一つの物事についての君のやり方は、君がするすべてのことに通じていると思っている。事の大小は関係ない。抵抗に遭って小さい物事を諦めるやつがどうして大事を成し遂げられるだろう？　まず「自分を躾ける」ことをネガティブに捉えるのをやめ、それが自己愛の一種と考えることから始めよう。ところで、役に立つツールは自制心だけじゃない。

◆儀式化して自由になろう

継続性を持つためのシンプルな方法の一つは、儀式（決め事）を設定することだ。儀式とはしっかりした枠組み・手順を持つ意味ある行動だ。目的を持って計画し、繰り返し行なうと儀式は君を目標に近づけてくれる。型にはめられるようでうざい、と言って儀式化するのを嫌う人もいる。だが人々は移り気で、習慣をすぐに変えたがる。それがうまく行くこともあるが。でも成功する人々は、決め事が自由につながることを知っている。ちょっと意外かもしれないが、今まで見てきたように、成功への道は今やった方がのちのち楽になる行動をすることだ。今儀式を行なうことが、未来に自由をもたらしてくれるんだ。

こう考えてみよう。毎日するエクササイズや動作を儀式化しておけば、君はますます健康になり、将来もっと活動できる。勉強を儀式化して継続的にやっていれば成績は上がり、多くのチャンスがやってくる。仕事を儀式にすればより多くのお金が入り、先々でもっと重要な仕事ができる。

いくつかの例を考えて、決めごとを継続していくことが未来にどれだけ自由な時間を生み出してくれるか見てみよう。自由は僕らが一番欲しいものだ。一番欲しいのはお金だという人もいる。でもその人々にしても、お金がもたらす自由を望んでいたりする。皆、したいことを、気の合う人と、したい時にしたいのだ。来月の家賃を心配しないでいい自由。預金残高を気にしないで週末友人と旅行に行ける自由。二カ月間支出を切り詰めずにパートナーにプレゼントを買える自由。これが人々が求めているもの、適切な儀式を身につければ君にも手に入る自由だ。

プロのスポーツ選手の何人かは独自の儀式を持つことで知られている。ちょっとしたものであることも多い。レブロン・ジェームズ（バスケットボール選手）は試合前にチョークの粉末を空中に投げ上げる。タイガー・ウッズはトーナメントの最終ラウンドの日曜に赤いシャツを着た。マイケル・ジョーダンはNBAでのキャリアを通してノースカロライナ大学時代に全米選手権を制したシーズンに着用したショーツをブルズのユニフォームの下に着ている。ウェイド・ボッグス（大リーガー）のように一貫した練習を儀式化している選手もいる。三塁手のボッグスは毎日同じ時間にフィールドに立つ。午後五時一七分に打撃練習を始める前、きっかり一五〇球守備練習を行なう。四つの打席を視覚化し、四連続ヒットを放つところを想像する。ボッグスはこの決め事がメンタル的な準備を整えると信じている。そしてそこには科学的裏づけもある。二〇一七年の研究によると、こうした儀式はプレイを向上させるという。[1] ボッグスはその後殿堂入りしている。

前にカードに書き出した、変化を起こすための日々の行動を儀式化しよう。儀式のサンプルを考えて、どのようにそれができるか見てみよう。プレゼンの準備のために机に向かい、二時間集中する必要があるとしよう。この場合、以下の行動を順番に行ない、仕事への準備を儀式化できる。

1　散らかった仕事場を片づける
2　気を散らすものとスマホを仕事場から排除する
3　適切な照明を用意する
4　かたわらに、心に浮かんだ無関係な思考を書き出すためのノートを置く
5　ノイズキャンセリングイヤフォンをする
6　深呼吸を六回する
7　ＰＣモニターを二分間見つめ、視覚を狭める

さて、ポモドーロテクニックを使うにせよ、あるいは他の集中テクニックをするにせよ、仕事にかかる準備はできたはずだ。

いくつものプロジェクトを掛け持ちしなければならない場合でも、それぞれの仕事の前に同じ儀式をしよう。真剣にやろう。それを聖なるものとして捉えれば、儀式の重要性は増す。儀式を続けるほど君の脳は整っていく。最初は難しく感じても続けていれば自然にできるようになり、仕事に集中しようとする時の抵抗感も減っていく。

ここに記した儀式の例をやってみるか、自分で儀式を作ってみよう。

同じやり方が他にも応用できる。ピアノの曲を覚えたい時も同じ手順でやろう（ただしノイズキャンセリングイヤフォンは使わない方がいいと思う）。

◆マイクロアクションはマクロな結果をもたらす

前にも触れたとおり、成功は突然起こって人生を変えるようなものじゃない。それはマイクロアクションを日々積み重ねた結果起こる。

すべては目標達成の三つの要素、「方向」、「行動」、「時間」にかかっている（第5章参照）。よい決断をして正しく行動したら、時間は君の親友になる。自分を目標から遠ざけるまずい決定をしたら、時間は最悪の敵になる。いずれの場合も時間は平等に働く。時間は過去の行動の結果を突きつける。どんな行動も時間が経てば結果が出る。君が今正しい行動をすれば、未来は愛すべきものになるし、しなければそうならない。とてもシンプルじゃないか？

こんな単純なことが理解されないのは、日々のマイクロアクションの結果がすぐに現れるとは限らないからだ。でもそれを一〇年積み重ねれば、君の人生の軌道は変わる。ダレン・ハーディは著書『The Compound Effect』（住友進訳『複利効果の生活習慣――健康・収入・地位から、自由を得る』パンローリング）で言っている。「平凡と非凡を分けるのは、大きな事の積み重ねではなく、数百数千、数百万の瑣末な行動の集積だ[2]」。小さく賢い選択を一貫して続けることで巨大な恩恵や劇的な変化が起こる。ただ、こういう考え方をする人は少ない。

一度に一〇〇万ドルもらうのと、一セントを日々倍々にしてもらうのとどちらがいいか聞かれると、たいていの人は一〇〇万ドルと答える。一セントが毎日二倍になっていくと三〇日後に五三六万八七〇九ドル一二セントになることには気づかない。もう一つ積み重ねのパワーの例を挙げよう。銀行に一〇〇〇ドルを預けて年に一〇パーセントの利子がつくとする。一年後、預金は一一〇〇ドルになっている。その翌年、最初の預金プラス利子に再び利子がつく。短期間では大したことがないように思えるけれど、二五年後にはなんと一万八三五ドルになっている。さらに五五年後、銀行預金は一一万七三九一ドルになる。マイクロアクションもこれと同様に働く。

僕自身の体験や、コーチとして経験した事例を挙げてみる。

・早めにベッドに入り、朝早く目覚めるのは、すぐに小さな効果を実感できるマイクロアクションだが、何年も続ければ相当の時間を好きなことに振り向けることができ、健康的な習慣にもなる。

・今日、本を一〇ページ読んでもすぐに知的にはなれないが、これを習慣にして一〇年続ければ相当な効果がある。一冊が平均三〇〇ページとして、今後一〇年で一二〇冊読むことになる。

・営業チームと一五分ミーティングをしても特に変化は起こらないが、毎日続ければ団結力が強まり、素晴らしいチームになる。

・スペイン語を三〇分勉強してもペラペラにはならないが、毎日続けて一〇年すると一八二五時間になり、かなり流暢になるだろう。

・今日一〇分間瞑想をしても不安は減らないが、一日一〇分を一〇年やれば六〇八時間になる。長期間の瞑想習慣は不安を減らし、君は平和な自分に生まれ変われる。
・五ドル貯金しても金持ちには程遠いが、一〇年間続ければ一万八二五〇ドルになる。そのお金を投資に向ければやがて飛躍的に増えるだろう。
・今日脂肪がたっぷりのベーコンチーズバーガーを食べても体に影響はないが、毎日不健康なものを食べていると栄養不足が蓄積され、深刻な健康問題を抱える。逆に、一日一回の健康的な食事を一〇年続けるとよい効果が積み重なる。
・喫煙もよい例だ。健康被害と同時に支出も馬鹿にならない。長年続けると君の健康は望ましくない方向に向かうだろう。さまざまな行動がさまざまな未来に君を導くんだ。

マイクロアクションを儀式として継続すれば、それが一日数分でも長い間には人生が変わっていく。君はいつの間にかまったく違う境地に達しているだろう。そこがポジティブな場所か、それともネガティブな場所かは君の行動次第だ。

人生は、毎日三つから五つの重要な行動がカギになる。やるべきことが多過ぎると圧倒され、どこから手をつければいいかわからなくなる。でも三つ（最高でも五つ）の決定に絞り、それを行動に移せば、君は正しい道を歩んでいける。

目覚ましが鳴ったらスヌーズボタンを押す代わりにすぐ起きる、言い訳する代わりにエクササイズをする、拒絶されるかもと心配する代わりに営業電話を一〇〇本かけるなどの行動は、君を目標に近づける。スマホを遠ざけて子供と一緒に過ごす、大切な人に褒め言葉をかけるなどと同じくらいシンプルで、非常に大きな効果がある。これらの最も重要な決定に集中しよう。それを毎日繰り返すと、よい人生と、最高の人生とを分ける差になっていく。

その場その場での判断ミスは大したことじゃないと思いがちだ。「ハンバーガー一個食べたってどうってことない、エクササイズを一回さぼったからって何だっていうんだ。一日くらい瞑想しなくたって、本を読まなくたって、お金を節約しなくったって平気だよ」。僕たちは、こうした小さな決定が積もり積もって未来に影響を与えるという事実に気づかない。

ナポレオン・ヒルは言った。

「偉大なことができないのなら、小さな事を偉大な方法でやりなさい」

◆「理想の自分」に投票する

テクノロジーは僕たちの生活をより便利にした。いろんなことがクリック一つで可能になり、僕たちは人生はそういうものだと思い始めている。でもフィットネスや成功、喜び、平和、幸福、そして健康などはそうはいかない。それらはすぐに結果が出ることはない。時間がかかるんだ。そして僕らは再び例の問いを突きつけられる。「今は苦しくても後で楽になる人生」か、「今は楽でも後で苦しくなる人生」か?

違う未来を望むなら、違うマイクロアクションを選択しよう。僕が、君の今の立場がどんなものだろうとまったく気にしない理由はこれだ。問題は君の今の行動だ。それが未来を決定するからだ。すべきでないのは出発を延ばすことだ。

ここで再登場するのがジェームズ・クリアの言葉だ（PART2参照）。「君のすべての行動は、〝なりたい自分〟への投票なのだ」。サラダの代わりにベーコンチーズバーガーを選ぶなら、それも「なりたい自分への投票」だ。クリアが「投票」という言葉を使ったのは素晴らしいと思う。なぜなら選挙に勝つのには一〇〇パーセントの票を得る必要はないからだ。完全を目指す必要なんてない。票の過半数、五一パーセントを取ればいいんだ。もちろん正しい方向への行動は多いほどよい。でもいつもいつもハンバーガーを諦め、サラダにする必要はない。

やるべきことは自分の方向性を常にチェックすることだ。一歩一歩、一日一日の積み重ねが目的地に運んでくれる。人生は長いゲームだ。「ゆっくり確実に」がレースを制するんだ。

◆完全よりも継続的な進歩への努力

ある日君が友人のガレージを訪ねると、彼が描いた絵がたくさんあった。その素晴らしさにショックを受け、君は言う。「君がこんなに絵がうまいなんて知らなかったなあ！　どこかで売るか、インスタグラムにアップしたら？　人々に見せた方がいいよ」

すると彼は言う。「ダメだよ、まだ人様に見せられるもんじゃないよ。もっと描き込まなきゃ」

君は言う。「何言ってるんだ、どれも素晴らしいよ。これ以上何をするって言うんだ？」

「どうしてもダメなんだ。僕は完全主義者なんだよ」

ほら出た。描き込みが足りないんじゃない。問題は君の友人が自分を完全主義者だと決めつけていることだ。これが彼のアイデンティティ宣言だ。一つ秘密を教えよう。実は完全主義者なんて存在しない。今まで数万人をコーチしてきたが、ほとんど全員が自分は完全主義者だと言っていた。君が、自分は完全主義者だと思うなら、君もその一人だ。でも完全を追求するのはやめた方がいい。絶対手に入らないからだ。

絵描きの友人が作品を見せたがらないのは、人々の反応が怖いからだ。下手な絵だと思われたらどうする？　批判されたら、拒否されたらどうする？　画廊や期間限定のショーに出品したのに誰も買わなかったら？　一〇〇〇ドルの値段をつけた絵に、誰かが「こんなゴミには一〇ドルも払わないよ」と言っているのが聞こえたら？　こういう反応が怖くて彼は外の世界に出られないんだ。「まだ準備ができてないんだよ」と言っておけばこうした怖れに向き合わなくてすむ。

「完全主義」は創造力と行動の敵だ。理想が高いのはいいことだが、外の世界に出ていくのを邪魔する完全主義ならいいことは一つもない。

僕はこういうタイプの人と仕事をし、自己啓発・教育動画を作ってSNSに上げてきた。彼らは仕事を完成させず、それについて何やかやと言い訳する。やれ照明がよくない、脚本がイマイチなど。でも彼らが本当に怖れているのは批判されることだ。完全主義の根っこには必ずこれがある。もし君が、状況が完全でないからまだ行動できない、まだゴールを目指せないと思うなら、自分にウソをつき、心の奥の不安を隠そうとしている。完全主義は怖れを覆い隠すための仮面なんだ。

◆「完了」は「完全」より素晴らしい

僕はずっと自分の完全主義と戦ってきて、かなり苦しい思いをしてこの事実を悟った。いつもベストを望み、「これは本当にすごい！」に届かないものにはすべてダメ出ししてきた。でもそんな生き方は不可能だった。最初のポッドキャストを作った頃、いくつかのエピソードを録音したあと、アイデアを出していじくり回した結果、結局発表しなかった。それから八カ月後、僕は宣言した。「もういいや、人が何と言おうと気にしない。これが僕のやりたいことなんだ。批判したけりゃするがいいさ」

そして、僕は批判された。僕の初期のポッドキャストをいくつか聴けばそのひどさがわかる。最初のネガティブな書き込みは今でも覚えている。「この人、自己啓発の講演者にしてはまったく啓発されない声してるわね」。僕は「おまえなんか地獄に堕ちろ！」と思った。ひどく気分を害したが、聴き返してみると彼女の言う通りだった。喋りも単調で、自分らしさがなかった。この書き込みのおかげでいろいろ修正して良くなった。批判は今でもある。エピソードは一三〇〇を超えたが、僕はいまだに学び、成長し、変化している。完璧なものができるまで待っていたら何も起こらず、自分の殻を破ることもなかった。

僕の指導者の一人は、「完了」は「完全」よりも素晴らしい、と言っていた。何かを完了することは、苦労して完全を期待するよりもずっと早く目標にたどり着く秘訣なんだ。

さらに言うと、視聴者も完璧なんて望んでいない。僕のポッドキャストを聴けばわかるが、あちこちで失敗している。ミスは多いし、言葉は出てこないし、同じことを何度も言っている。でもそこが好かれている。居間で僕と世間話をしているみたいだ、と言ってくれる人もいる。徹底的に編集したり手を加えたりはしていない。この本物っぽさが僕の特徴になり、完璧主義に覆い隠されていた怖れを乗り越える力になった。

だいたいにおいて人生は、二、三、四歩と前進すると一、二歩下がる、の繰り返しだ。それを認めていいわけじゃないが、失敗はどうしても起こる。僕らは人間で、失敗は避けられない。大事なのはそれに対する自分の反応だ。

目標がダイエットだとして、そして六日半はうまくいったのに、その後脱落してしまったとする。これに対する反応は二つある。まず、自分を批判する。これは負の連鎖を引き起こしモチベーションは下がる。だが自分と向き合い、いさぎよく失敗を認め、自分を変えるなら、今後同じ間違いを避けることができる。意識を一日の失敗ではなく六日半の素晴らしい進歩に向けよう。すぐに歩むべき道に戻れるよう自分を鍛え、できるだけ早く正しい方向を目指そう。

◆「完全」よりも「継続」

不安を覆い隠している仮面を捨てよう。完璧主義は進歩につながらない。完全を装って承認を得ようとしているだけだ。「完全」は成功を邪魔し、成長を阻み、そして忘れないでほしいが、絶対に得られないものだ。あれこれ言うやつは必ずいる。

そして君は必ず批判される。だから怯まずに前進した方がいい。君は決して完全にはなれないし、それはまったく普通のことだ。不完全を受け入れ常に進歩を目指そう。完全を目指してはいけない。僕はこれを一歩進めて、継続は完全よりもずっと素晴らしい、と言いたい。

大学の卒業式の祝辞でジム・キャリーは言った。「受け入れられたいという願望は、君をこの世界で目に見えない「存在」にしてしまう」。でも君は透明人間になるために生まれてきたんじゃない。君独自の才能をこの世界に提供するために生まれたんだ。

＊＊＊

成功は、中国の竹の成長にそっくりだ。まず肥料の入った土に竹を植え、太陽に晒し、一年間毎日水をやり続ける。何も起こらない！　芽さえ出てこない。何の結果も得られないまま同じことを続け、五年目のある日、それは爆発する！　たった六週間で二・四メートルまで成長し、一日六〇センチ伸びることもある。あまりに急激で、伸びるところが目に見えそうな勢いだ。成功もこれと同じだ。知らない人から見れば一晩で成功したように見えるかもしれない。でも成功する人々は人知れず何年も懸命に働いてきたんだ。暗闇で成長していたため、知らない人には六週間で二・四メートルになったように見える。でもすごいのは二・四メートルの成長じゃない。一番大事なのは、この成長をもたらした五年間の努力なんだ。

すべては自分の決断と、どんな行動をするか（あるいはしないか）にもっと意識的になることから始まる。完璧な状態になるまで行動を待っていてはいけない。目標に近づけないまずい選択をした時に言い訳もしない。正しい方向に向いていればどんな行動でもやらないよりいい。

忘れないでほしい、どんな行動も理想の君になるための一票なんだ。そしてこれは短距離走じゃない。ゆっくり確実に、がレースに勝つ秘訣だ。ゲートが開いても飛び出してはいけない。やるべきことは、その方向が正しいか常に確認すること、正しい行動をすることだ。そうすれば時間は君の味方だ。ベッドに入る時、自分にこう尋ねる習慣をつけよう。「今日僕は一パーセント進歩しただろうか？」これが一番大事なんだ。人生を変えたければ、自分で変えることだ。

……この章のポイント……

◎言い訳を続けるか、結果を出すかだ。
◎何をするかは関係ない。目標に到達するために、賢い人間、最短で成し遂げる人間、才能溢れる人間である必要もない。唯一大切なのは行動の継続だ。
◎皆、したいことを、気の合う人と、したい時にする自由が欲しいのだ。
◎小さく賢い選択を続けることで巨大な恩恵や劇的な変化が起こる。
◎偉大なことができないのなら、小さな事を偉大な方法でやりなさい。——ナポレオン・ヒル
◎完全主義は怖れを覆い隠すための仮面だ。
◎継続は完全主義よりもずっと素晴らしい。
◎人生を変えたければ、自分で変えようとすることだ。

【ノートに書き出してみよう】

・一日か二日、無意識のものも含め、自分のちょっとした行動に注目し、日頃の行ないを観察しよう。アラームを使って自分のエネルギーレベルを一時間ごとに計測したのを覚えているだろ

うか？　ここでも似たようなことをやってみよう。同じやり方で一時間ごとに自分の行動を一日中細かく記録する。これをすると、自分の行動傾向をより理解できる。僕たちは進歩につながる行動をさぼっていることに気づいていないものだ。自分の行動を正確に把握してから以下の質問の答えを書き出そう。

・自分の目的に近づくためにどんなマイクロアクションを日々するべきか？

・毎日、自分を目的から遠ざけてしまうどんなマイクロアクションをしているか？

・こうしたネガティブなマイクロアクションをすることについて、どんな言い訳、自己正当化をしているか？

・どうすればこれらのネガティブなマイクロアクションをポジティブなものに変えられるか？

＊https://robdial.com/levelup/も参照してみよう。

第10章
習慣――努力なしに行動する方法

米国のコメディードラマ「となりのサインフェルド」が最初に放送された時、ジェリー・サインフェルドはまだ各地で漫才をやっていた。ある夜、ステージに上がろうとすると、成功を夢みる若いコメディアンが彼に近づいてきて、駆け出しの自分に何かアドバイスをくれ、と言った。サインフェルドはまず、いいジョークが必要だと応えた。これはあまりにも当然だが、彼はさらに、毎日ちょっとずつ書いていているといいジョークができるぞ、と付け加えた。毎日少しだけでも書き留めることで大量の素材が溜まっていくことをサインフェルドは知っていた。つまらないものもあったが、素晴らしいジョークも生み出した。彼は、普通の仕事のように毎日続ける方が、決まった期間に一気にやろうとしたり、アイデアが湧いてくるのを待つより効果的であることを理解していた。毎月、毎年書き溜めた日々のメモがサインフェルドの技能を進化させた。だが彼にはもう一つ裏技があった。「サインフェルド戦略」と呼ばれるものだ。

サインフェルドは一年の日づけがすべて一つのページに載っている巨大なカレンダーを買い、一日

1月

SUN	MON	TUE	WED	THU	FRI	SAT
X 1	X 2	X 3	X 4	X 5	X 6	X 7
X 8	X 9	10	11	12	13	14
15	16	17	18	19	20	21
22	23	24	25	26	27	28
29	30	31				

に何度も目にする場所に貼った。何かを書いた日は赤いマジックで日付に×マークを書いた。やがて×が長く連なり、彼のモチベーションになった。それは進歩の目に見える証明になり、列が長くなるほどモチベーションは強まった。このやり方の素晴らしい所は、しばらくすると自分に鞭打って机に向かおうとしなくてもよくなることだ。抵抗感は消え失せ、書くことは自然な行動になり、考える必要さえなくなった。ジョークでも、エクササイズでも、ビジネス発展のアイデアでも、健康的な食事でも、儀式とマイクロアクションを繰り返せばそれは習慣になる。

◆脳の特性を利用しろ!

習慣とはなんだろう? それは脳と体が無意識にすることだ。何度も繰り返したおかげで反射的になった行動、無意識に突き動かされた自主的な行動だ。

ハーバード大学の二人の心理学者によれば、僕らの日々の行動の四七パーセントは習慣的なもので、自動運転状態で行なわれるという。[1] 習慣的な行動の割合はもっと高いと主張する研究もある。

職場などから車で家に帰ったが、途中の道のりの記憶がほとんどない、という経験はないだろうか? それは君が、目覚めていたのに自動運転モードだったからだ。部屋を出る時に意識せずに電気を消してドアを閉めることは? 僕もよくやる。たまに、妻が部屋にいるのに電気を消してしまうことさえある。子供の頃、母は電気代がかさむことを嫌い、部屋を離れる時は必ず電気を消すよううるさく言った。そして僕は自動的にそうするようになった。

これをポジティブなマイクロアクションで起こせばいいんだ。意図的に儀式をすることによってマイクロアクションを習慣に変えることができ、意識的に考えたり努力したりは要らなくなる。君を目標に導く毎日のちょっとした行動が無意識に行なえるとしたら、どんなにたくさんのことがなし遂げられるだろうか？　それは可能だ。そして、脳の中で何が起こっているか理解すればさらに恩恵を受けられる。

脳は体重のたった二パーセントしかないのに一日のエネルギーの約二〇パーセントを消費する、体の中で一番エネルギーを食う臓器だ(2)。電話をかけたり会議に出たり、メールを書いたり返信したり、脳を使う仕事を一日中すると、ずっと椅子に座っていたのに疲れきってしまうのもこれが理由だ。

脳は必要以上の仕事をしたくない。なので行動のパターンを把握して抜け道を作ることでエネルギーを節約しようとする。何かを繰り返しやれば、そのパターンが脳に染み込む。一度身についたパターンを壊すのが難しい理由もこれだ。

脳に新しい行動をさせようとすると、それは抵抗し、君をいつものパターンに引き戻そうとする。仕事帰りに牛乳を買おうと思っていたのにすっかり忘れ、車を自宅のドライブウェイに入れてから思い出すのも脳の仕業だ。でも僕たちはこの脳の指向を逆手にとって新しいパターンや抜け道を作ることができる。

亡くなったオーストラリアの俳優、アレクサンダー・マシアスは、「人々は未来を決めるのではなく、習慣を決める。そして習慣が未来を決める」と言った。習慣を生み出す脳の特性を利用すれば、君はスーパーパワーを手にできる。

だが脳はこうしたことを無意識に行なうため、それが作り出す習慣は車で職場から帰宅するような無害なことばかりじゃない。またポジティブなものばかりでもない。毎日行なう自動運転の中で、長い目で見ると君を目的達成から遠ざけるものはいくつあるだろう？　気づかないうちにマイナスに働いているようなものは何だろう？　脳を解き明かし、自分が本当は何を考えているか、その思考がどこから来るのかわかってくると、変えなければならないネガティブパターンが見えてくる。心配ない。絶対うまくいく。なぜなら君は脳をコントロールできるんだから。まずすべきことは習慣を調べ上げることだ。よいのも悪いのも。

◆自分の習慣を明らかにする

朝晩歯を磨くのはいい習慣だ。ストレスがあると酒や煙草に手を伸ばすのは悪い習慣だ。特定の機会に「こんな時は酒か煙草をやるんだ」となるのは非常にまずい。僕らはいい習慣も悪い習慣も山ほど持っている。それならば新しい習慣を作る前に今あるものをすべて吟味し、マイナスに働くものを捨て去ろう。

どうやって？　簡単だ。自分に尋ねよう、「この習慣は僕を目標に近づけるか、それとも遠ざけるか？」。目標はビジネスを立ち上げることなのに空き時間にいつもインスタグラムを見ているなら、それは捨てた方がいい習慣だ。特に害はないが目標に近づけてはくれない。時間や集中力、脳パワーを無駄にするという意味ではネガティブなことだ。成功をもたらしてくれる習慣に置き換えよう。例えば近くにビジネス本を置いてSNSをチェックする代わりにそれを読もう。空いた数分間を、ビジネスを育てる方法を学ぶのに使うんだ。家を出る時にビジネス本を持っていく習慣をつけよう。

　体重を四・五キロ減らすのが目標なのに毎晩ポテチやジャンクフードを食べているなら、家にあるジャンクフードを健康なスナックに置き替えよう。キッチンのカウンターの見える所にフルーツを置いておけば、いつもヘルシーに過ごせる。多くの人は食習慣の七五パーセントは空腹ではなく感情に突き動かされていることを知らない。[3] ストレスや退屈を紛らわすために何かを食べているなら、いつ、どういう理由で食べ物に手を出すかに注意してみよう。そしてそれに代わる、君をゴールに近づける習慣をいくつも用意しよう。

　君の目標はよい親になることなのに、子供が何かやらかすとすぐにキレて怒鳴りつけてしまうとする。キレかけた時、うまく踏みとどまる習慣を身につけよう。深呼吸を六回して自分をリセットすると、感情に突き動かされた状態から逃れ、愛に基づいた場所から行動できる。自分の親から子供を怒鳴る習慣を学んだ人には、これは難しいかもしれない。こういう人はそれが親としての自然な行動だと思い込み、それが習慣だということにさえ気づいてない。それならば君が、家に伝わるこの習慣を打ち破る人間になろう。

　朝早くジョギングすることが目標なのに夜遅くまでテレビを見る習慣があるとする。ならば制限時間を設定して、服を整えたり翌日の準備をしたあと、早めに寝よう。ずっとリフレッシュした気分で朝が迎えられ、ジョギングにも行けるだろう！

要はすべて、「意図」なんだ。そして、意図的になるための第一歩は自分の行動傾向をよく理解することだ。君は自分にどんな悪習慣があるのか気づいていないかもしれない。それを正すには、第9章の、日々のマイクロアクションを観察することから始まる。自分の習慣と変えたいものに気づけば、悪い習慣が出た時すぐに気づき、進路を変えられる。やればやるほど自然にやり方が身についていくだろう。

◆要《かなめ》の習慣

習慣に関して一番やりがちな失敗は、目標を早く達成しようとして、自分によさそうな習慣を片っぱしから取り入れ、人生を全面的に変えようとすることだ。あまりに多くを変えようとして、結局こなせずにやめてしまう。「古い自分」が抵抗し、新しい習慣は一つも身につかない。

それより人生に一番影響を及ぼす習慣に集中し、それをできるだけやりやすい形にしよう。一度にたくさんやろうとしてはダメだ。一つに絞ろう。これを「要《かなめ》の習慣」という。チャールズ・デュヒッグが、著書『The Power of Habit』（渡会圭子訳『習慣の力〈新版〉』ハヤカワ・ノンフィクション文庫）で生み出した言葉だ。レンガや石を積み上げて造られたアーチはガッチリして崩れない。真ん中に「要の石」があるからだ。これがないとアーチは崩れる。習慣も同じだ。影響力の強い「要の習慣」を見つけて取り入れると、人生の他の部分にも影響が現れる。

仕組みはこうだ。朝早く起きて新しい日課を始めるとする。「要の習慣」は早起きすることだ。でもいつもより二時間早く起きて、エクササイズや読書、日記、瞑想など、今までやったことのない複

「要の石」に当たる習慣が
自分のものになれば、それが
生活全体を変える!!

雑なルーティーンをこなすのは大変だ。第一、二時間早く起きるなんて無駄だ。今までの君はそう反論する。そして全部の項目にチェックを付けられないと、君は罪悪感に襲われ、期待して始めた習慣は挫折する。

こうならないようにシンプルに行こう。要の行動だけに集中して朝早く起きる習慣を定着させる。一〇〇日間連続で挑戦してみよう。こんなに長くやるのは、ある研究で、習慣を作るには六六日から一〇〇日必要だと示されているからだ。もっと長くかかることもあるし短いこともある。それはその人や習慣による。[4] でもだいたい一〇〇日やればその習慣は定着する。

そして毎日やること。平日だけというのはダメだ。それでは睡眠スケジュールが狂い、習慣が根づかない。アラームが鳴る前に起きるようになったら本物だ。床に足をつけた時が勝利の瞬間だ。要の習慣が完成したのだ。

最初の一〇〇日間は新しい行動を詰め込まない方がいい。もし空き時間があったら何かやってもいい。ある日は読書、次の日はヨガ、その翌日は日記を書きたくなるかもしれない。ジョギングに行ってもいいし、遅れている仕事をやるのもいい。瞑想もいい。でも君が集中すべきなのは、早く起きることだけだ。

一〇〇日が過ぎたら、あるいは早起きが習慣になって意識しなくても起きられるようになったら次の要の習慣に移ろう。君はエクササイズをやりたくなるかもしれない。運動系のことを一〇〇日間やってみよう。週に二回ジムに行くのでもいいし、週二でヨガをやってもいい。オーディオブックを聴きながら近所を散歩したり、ある日は起き上がって体を動かすだけでもいい。次の一〇〇日はこれだけに集中する。始めてみると、君はちょっと健康的な食習慣をしたくなるかもしれない。水をたくさん飲んだり早めにベッドに入るようになる。次は酒の量を減らす。君が意識してやったのは一〇〇日間毎日早起きをすることだけだったのに、それがジムに行くことにつながり、ヨガ、健康な食事、水をたくさん飲む、早めに寝るなどの習慣を呼び込んだ。

この一〇〇日間も終わり、エクササイズの習慣ができ上がったら、次の要の習慣に意識を向けよう。一〇〇日間一つだけに集中しても、年に三つのパワフルな習慣が育てられる。自分にポジティブな影響を与え望む方向に進むには十分すぎる。そしてそれは君の人生を永遠に変えてくれるんだ。

◆ハビットスタッキング（習慣を積み重ねる）

習慣を定着させるもう一つの方法は「習慣の積み重ね」だ。

社会学者であり作家のBJ・フォッグが、彼の考案したメソッド「タイニーハビット（小さな習慣）」を通して世に広めたものだ。考え方はすごく簡単だ。新しい習慣をすでにある習慣にくっつける。そして古い習慣をした時は必ず、新しい習慣も行なう。

君は毎日アファメーション（自己肯定）の練習をしたいと思っているが続かない。スケジュールをやりくりしてアファメーションの時間をひねり出すよりも、他の習慣、例えば歯磨きのあとなどにアファメーションも行なうようにすればいい。

歯を磨いた直後は間髪を容れずアファメーションを唱える。歯磨きはすでに習慣になっていて、脳は自動運転で行なっている。ここに新しい行動を付け加えるのはそれほど難しくない。そしてそれはやがて習慣になる。ハビットスタッキング（習慣を積み重ねる）と呼ばれる由縁だ。

このやり方はほとんど何にでも使える。役に立ちそうな例を挙げておこう。机に向かって仕事を始めたら、水を一杯飲もう。仕事から帰ってきたパートナーに「お帰り」を言う時、合わせて感謝の気持ちを伝えよう。電気を消して寝る時、嬉しかったことを思い出そう。食事を一口食べたら、そのありがたさを実感しよう。仕事から帰ったらスマホをしまい子供と遊ぼう。朝のコーヒーを淹れたら五〇回腕立てをしよう。

これは本当に効果的だ。すでにある習慣が次の行動につなげてくれるからだ。しばらくすると二番目の行動も自動運転になり、努力は要らなくなる。フォッグは新しい習慣を定着させる、タイニーハビットのＡＢＣというものを作り上げた。

Ａ＝アンカー（錨）　Anchor
Ｂ＝新しい行動　Behavior
Ｃ＝祝う　Celebration

「錨」とは以前からの習慣のことで、それは新しい行動（習慣）のきっかけを作る。行動したあとはそれを祝う。この「祝う」という部分がすごく大切だ。大袈裟でなくてもいい。頭の中でちょっとお祝いするだけでいい。自分に「やったぜ！」、「グッドジョブ！」みたいなことを言うだけで十分だ。

君のノリに合うなら踊ったって構わない。祝うことの科学的根拠は後章で説明するとして、とりあえず自分に褒美をやり、行動したことを祝う習慣をつけよう。

◆習慣化するために必要なものは

自己啓発についてのポッドキャストやセルフヘルプ本のどれもが習慣について語っている。でも実は、人々が語らない、習慣よりもっと大事なものがある。「基準」だ。これをうまく使えば習慣の定着にとても役立つ。習慣は基準の子供と言ってもいい。基準があれば君は自然に習慣を生み出すからだ。

超シンプルに言えば、基準とは君が心の底に持っている、何を受け入れ、何を受け入れられないかの根本的な境界のことだ。それは君のアイデンティティとダイレクトに結びついていて、これ以上、上下しないと決めている一線だ。ちょうど心地よい温度の範囲にセットされたサーモスタットのようなもので、基準によって君のコンフォートゾーンが決まる。自分の体を考えてみよう。君は過去五年間、もしかしたら一〇年間、同じ体型を維持してきたのではないか？　これも君が持っている基準の作用だ。そして、多くの人が体型を大きく変えられない原因も基準だ。

君の銀行預金はどうだろう？　たぶん長いこと同じような残高なんじゃないか？　君が五〇〇〇ドルという数字を見慣れていて、それが基準になっている場合、大きな出費があって残高が三〇〇〇ドルになると君は財布の紐を締め、安心できる残高になるまで金遣いを抑える。この逆もあり得る。昇給やボーナスなどで残高が七〇〇〇ドルになった。すると遊びにいくことが増え、いつもは買わないものを買う。すぐにではないが、最終的には五〇〇〇ドルの残高に戻っている。なぜかって？　それが君のコンフォートゾーン、摂氏二三度（快適とされる温度）だからだ。これ以上低い、あるいは高い残高だと不安を感じて一番心地よい金額に戻してしまうのだ。

君が自分に課している基準が、今の君の人生を作り上げた。友人関係、恋愛関係、家の散らかり具合まで、すべて君の基準に基づいている。基準は建物の一階のようなものだ。これ以上、下には行けない。上には別の階があるが、基準を変えないとそこには上がれない。今の君が望む場所にいないなら、基準を高くしない限り成長して素晴らしい人生を送ることはできない。適切な基準を持っていないと、習慣を継続するために必要な行動ができなくなる。

朝早く起きることが目標だとしよう。大きな成功を収めた人々に共通する習慣だが、睡眠を優先する基準を持っていないと、前の晩に準備を整える、早めに寝る、十分な睡眠をとる、などをしない。すると早起きを習慣化して朝アラームが鳴った時に起きるのは難しくなる。睡眠を優先しないならアラームが鳴っても、ベッドから出るのはつらいだろう。まず基準を決めるべきだ。基準こそが新しい習慣を貫徹させるものだからだ。

こう考えてみよう。君が突然請求書の支払いをやめたり、仕事に行かなくなったり、責任を放棄しても、路上で生活し始めることはないだろう。それらは基準より下の行動だから、そういう選択肢は君の中にない。でもアラームが鳴ってもベッドから出られず、スヌーズボタンを押すことはたまにあるだろう。それは基準内の行動だからだ。

もし、路上で生活することとスヌーズボタンを押すことが精神的に同等の行為だとしたら？　君は言うだろう。「冗談じゃない、スヌーズボタンなんか押すわけないだろ！」。極端な例だが僕の言いたいことはわかるだろう。

君の目標が約七キロやせて体脂肪率を一〇パーセント落とすことだとしよう。僕の知り合いたちは週に二回エクササイズしているが、彼らならこの目標を達成する習慣を身につけるのは簡単だろう。一方でエクササイズなんか何年もしてない、という友人たちもいる。彼らにはこの目標は難しい。そういう基準を持っていないからだ。

このダイエットを達成するにはエクササイズと健康的な食事が必要だ。そのためには新たな習慣を作らなければならない。でもジャンクフードとファストフードばかりの生活に染まっているならまだ基準ができないのでかなり難しい。汚い駐車場の歩道に落とした食べ物を拾って食べたりはしないのに、不健康な上、食べたあとに罪悪感が残るジャンクフードやファストフードは食べる。それはそういう基準を持っているからだ。君の基準がファストフードやジャンクフードを食べるのと道路に落ちたものを食べることを同じに扱ったらどうだろう？　ファストフードには二度と触れないだろう。基準を下回るからだ。

体型を変えたかったら基準を変えよう。

君と基準は切っても切れない。今までの君の基準は君の人生を作ってきた。だが、それは望む人生に導いてはくれないだろう。自分の真の可能性を試したかったら習慣について考える前に基準を変えよう。

◆新しい基準を設定せよ

ポッドキャストで野球選手のジェフ・ホフマンをインタビューした時、彼はボクシングのヘビー級チャンピオン、イベンダー・ホリフィールドと親しいことを教えてくれた。

ジェフはホリフィールドには遠く及ばないアスリートだったが、ある日ホリフィールドの常軌を逸したエクササイズを目撃した。それは動きを正確に三〇〇セットやるというものだった。たった一セットでも普通の人間にはかなりきついものだ。ジェフはそれをカウントする役目だった。エクササイズが終わろうとする頃、ホリフィールドは聞いた。「今のは二九九だっけ、それとも三〇〇?」

「たぶん三〇〇だと思うよ」。ジェフが言った。

「ジェフ、二九九か、三〇〇か、どっちなんだ?」

「たしか三〇〇だよ、それが何だっていうんだ?」

ホリフィールドは言った。「いいか、三〇〇と二九九の違いはヘビー級世界チャンピオンと普通のボクサーを分ける違いなんだぜ」

そして彼は確実に三〇〇回やるためにもう一セット行なった。彼がチャンプに上りつめた理由は常に高い基準を保っていたからだ。やると決めたことをやりきるのもその一つだった。

偉大なことを成し遂げ、特別な存在になりたければ、一〇〇パーセントの力を出しきり、基準に届かないことを容認しないことだ。そしてそれは、君が設定する基準から始まる。基準は自分自身への期待を作り出すからだ。一歩先を行きたければ、ホリフィールドのやり方を見習って、記録が可能な基準を設定しよう。そうすれば成功に向かっているかさぼっているかが判断できる。これは自分の見方を離れて、現実の世界から客観的に自分の基準を見る方法でもある。

覚えておいてほしい、この本で検討してきたほとんどのことは互いに関係しており、基準の設定も例外じゃない。それは君のアイデンティティと目標に直接関連しているんだ。君が新しい性格を身につけ、アイデンティティを変えたら、新しいアイデンティティにふさわしい基準を作ろう。決めた量の減量や、定めた金額を貯金するのが望みなら、目標を設定するだけでは不十分だ。基準で定めた健康的な習慣によって、目標に到達する人物にならなくてはいけない。そのためには健康的な習慣を、意思ではなく自動運動化する必要がある。

基準は互いに影響し合う。一つの領域で失敗すると、別の部分でもうまくいかなくなりやすい。こういう場合、基準に問題があるかもしれない。逆もまた真なりだ。一つの分野で基準を上げると他の部分でも上げやすくなる。

変化は高みから始まる。より高い基準を持つことで変化は起こるんだ。

＊＊＊

目標達成には継続とハードワークが不可欠だ。成功は日々のマイクロアクションの集大成だからだ。苦しい戦いをする必要はないし、ポジティブ行動の長ったらしいリストを一つ一つ実行する必要もない。大事なのはマイクロアクションをいかに習慣化するか、そしていかに基準を引き上げるかだ。それができれば脳に備わった合理化と省エネ化の特性を活かすことができる。

まず自分の行動と習慣を点検することから始めよう。ハビットスタッキングによってネガティブな習慣をポジティブに置き換える方法を探ろう。ただ、あくまでシンプルに。高望みもしない。要になる習慣を一つ、人生に取り入れるところから始めよう。それを少なくとも一〇〇日は続けよう。するとポジティブの連鎖反応が他の部分にも広がっていくだろう。

【ノートに書き出してみよう】

・最近、自分を目標に近づけるどんな習慣を取り入れただろうか？
・最近、自分を目標から遠ざけるどんな習慣を取り入れただろうか？
・悪い習慣を追い払い、いい習慣を作りやすくするためにできることは何か？
・今日始めれば人生を大きく変える可能性がある要の行動は何だろうか？
・一日を通して積み重ねることができる習慣は何だろうか？

＊https://robdial.com/levelup/も参照してみよう。

第11章
脳の可塑性――サイエンスで脳を変化させる

ロンドンでタクシーに乗ったことがあるなら、ドライバーが地図やGPSを使わないことは知っているだろう。これには理由がある。それは一八六五年、まだ馬車が走っていた頃にできた法律によるもので、現代になってもタクシードライバーたちが地図に頼ることは禁じられている。彼らは「ナリッジ試験」と呼ばれる超難関の試験に合格しないとドライバーの証である緑のバッジを貰えない。そしてそのためにはすべての道を覚え込み、普通のドライバーよりもはるかに街に精通していなければならない。ロンドンには二万五〇〇〇の街路があり、とてもじゃないが簡単には覚えられない。中にはこれをマスターするのに四年間かけるケースもあり、受験者の約半分が試験に落ちる。

脳神経学者はこの過酷な試験が脳に与える影響を研究した。[1] 試験に備えるドライバー志望者七九人を四年間追跡したのだ。研究初期、研究者たちはMRIを使用し、これらの志望者がだいたい同じサイズの海馬（ナビゲーションに欠かせない脳の記憶部位）を持っていることを確認した。四年後、三九人がナリッジ試験に合格した。再びMRIで七九人の脳を調べた結果、合格した三九人の海馬はそれ以外の人よりも大きくなっていた。ドライバーの脳は、この四年間で文字通り変化していたのだ。

これはそれほど珍しい現象じゃない。目が不自由で点字が読める人々は、触覚を司る脳の部位が発達している。時間とともにその部分が肥大していったのだ。彼らは手を使うことにより脳内に新しい接続を作りあげ、脳を再構成し、構造を変えてしまった。

持ち主が気づかないうちに脳はこうした変化を起こす。例えば利き腕をコントロールする脳の部位もそうだ。これらの部分は、利き腕ではない方のそれよりも構造的に強く、接続も異なる。

脳の素晴らしい点は、繰り返しの行動によって変化させるのが可能なことだ。脳の可塑性とは、学習や経験を通して神経の接続を再構成する能力のことだ。君は、いつでも望む時に脳を変化させることができる。ということは、目標を達成するための重要な行動や健康的な習慣は、自動運転化できるんだ。

脳の可塑性には三つの種類がある。受動的可塑性、不適応可塑性、適応的可塑性だ。

◆受動的可塑性

脳を変化させるのは若いほど容易い、という事実は否定しようがない。初めてビーチに行った時、初めて映画館に入った時、初めて野球を見にいった時などには、受動的可塑性によって脳に変化が起こる。それは意識しなくても起こる。それはただ起こるんだ。若い頃の脳は可塑性を持つようにできている。それは成長したくてうずうずしてるんだ。

タイガー・ウッズは二歳になる前にゴルフを始めた。フロイド・メイウェザーがボクシングを始めたのは七歳の時だ。早くに始めたから苦労なしにチャンピオンになった、というわけじゃない。でも、彼らのスタートがもっと遅かったならあそこまでの成功は収められなかった、と断言してもそれほど的外れじゃないだろう。子供の脳は大人のそれには不可能な成長を遂げる。子供が大人よりずっと早く新しい言語を覚えられるのもそのせいだ。

僕らの脳には神経細胞と呼ばれる数十億の細胞が詰まっている。外界から情報を受け取ると、細胞間で化学物質による信号が伝達され、神経細胞の電気的な活動が起こって僕らの経験を決定する。これが引き金となって連鎖的な行動と反応が起こる。

カーラ・シャッツ博士は、経験に反応して変化する神経システムの能力を表現して、「共に発火する神経細胞は、共に配線する」という名言を残した。(2) これはつまり、君が何かをするほど、脳の配線が変わるということだ。使った神経細胞は強くなり、使わないのは弱くなる。

だが、だいたい二五歳を過ぎるとこれらの通信経路は閉じ、シナプス、つまり神経細胞の間にあるスペースは縮み始め、こうした受動的変化は起こりにくくなっていく。もちろんそれでも脳を変化させることはできるが、強い意識集中と繰り返しが必要になる。

◆不適応可塑性

脳が変化するもう一つの方法は不適応可塑性、これにはトラウマ的な経験が関連する。死ぬか生きるかの状況になると、脳は化学物質を放出して超警戒状態を作り出す。こんな時は時間の流れが遅く感じられることさえある（タキサイキア現象と呼ばれる）。僕の友人は事故を起こし、車が数回転がった。その時、フロントグラスが回る様子がスローモーションのように見えたという。

　こういう反応は人間の進化と関係している。僕らのご先祖は厳しい環境の中でいかに生き残るかを学んできた。想像してみよう、数十万年前、君は仲間と大きな湖のほとりを歩いている。突然、ワニが水中から現れ、仲間を引きずり込んだ。彼を見たのはそれが最後だった。このショッキングな出来事により大量のエピネフリン（アドレナリンの別称）とアセチルコリンが放出され、集中力と警戒心を高め、結果君は生き残る。エピネフリンは警戒心を作り出し、アセチルコリンはマーカーの役割を果たし、この経験の最中に活性化した神経細胞に印をつけて未来の防御に役立てる。今後湖に行った時、君は湖と危険を関連づけて考えるだろう。君の脳は書き換えられたんだ。これらの化学物質は君が集中しようとする時にも使われる。だから集中はストレスを伴う。

　この仕組みは、心的外傷後ストレス障害（ＰＴＳＤ）そのものだ。トラウマになるような出来事は脳の配線をつなぎ変え、結果、経験の解釈が変わる。ひどい交通事故に遭ったあとは、その近くを通ったり、事故が起きた時と似たような状況に遭遇するのも嫌になる。脳はこうして注意信号を出し、君を危険の可能性から遠ざけようとする。

　時間とともに恐ろしい出来事とつらい感情のつながりは弱まる。でもその記憶が無くなることはない。事故直前の記憶も残る。その日を丸々記憶に留めるかもしれない。ごく普通の出来事に特別の反応を示す人がいるのはこれが理由だ。それはトラウマを刺激されるからではなく、トラウマにつながった出来事を思い出すからだ。この記憶は扁桃体でも処理され、感情的な反応を引き起こす。ＰＴＳＤの治療が困難なのはこれが原因だ。[3]

こうしたことは、十分な感情と集中があれば、脳はたった一つの出来事をきっかけに変わることを示している。

◆適応的可塑性

受動的可塑性と不適応可塑性では、僕らがコントロールできない要因によって脳が変化する。だが適応的可塑性の場合、僕らは脳に影響を及ぼせる。その方法は、前の章で説明した「習慣になるまで行動を繰り返す」ことだ。これで脳は変わる。

脳は変化を嫌い、今まで通りのやり方に戻ろうとする。そっちの方がエネルギーを使わなくてすむからだ。なので変化には時間がかかる。今日何かを始めて明日には脳が変わっているなんてことはない。ことわざにもあるように、「繰り返しは技能の母」なんだ。これこそが脳にミエリンを構築し、脳の接続を変える方法だ。ミエリンとは何か？　それは神経の外側を囲む「さや」で、脳内を飛び交う信号をスムーズに伝達させるものだ。ラップトップPCの、電気を伝える電源コードの銅線を守っている外側のゴムみたいなものだ。繰り返しの動作はミエリンを増やし、脳内の信号をより早く効率的に送れるようにする。(4)

脳は、学習したり、ミエリンを作ったり、新しい神経細胞を構築する時、次の三段階を踏む。まず化学的な変化が起こり、次に構造が変わり、最後に機能が変わる。(5)

1　脳内化学物質の変化

脳は思考によって神経細胞に送る化学物質の量を変える。これによって短期記憶が向上し、新しいスキルが身につきやすくなる。

ピアノを習うとしよう。練習の初日、君は「メアリーの子羊」を練習する。初めて弾く曲だが、ちょっと練習しただけでものすごく進歩した。脳が神経細胞に多量の化学物質を送った結果だ。でも次の日はどうだろう？　昨日は楽々弾けたのに今日はうまくいかない。記憶が定着するにはいろいろな要素が関係する（睡眠、集中力、ストレスレベル、疲労度など）。だが曲を忘れてしまった主な原因は、脳が短期記憶の神経細胞にだけ化学物質を送ったからだ。ちょうど砂浜にメッセージを書くようなもので、記憶はすぐに波に洗われてしまう。もっとしっかり永続的に脳を変えたかったら、もう少し工夫が必要だ。脳の構造を変えるんだ。

2　構造を変える

長期記憶、あるいは運動技能を身につけるには時間と努力、そして繰り返しが必要だ。一つの行動を繰り返し行なうと脳内化学物質が脳の構造を変化させる。行動を毎日繰り返すことが大事なのはこれが理由だ。毎日の学びの中で今までなかった神経細胞の新しい接続が作られるからだ。君の脳は文字通り作り変えられるわけだ。どんな行動だろうと、一定期間何かに集中し、繰り返し練習すると、脳の構造が変化する。年齢は関係ない。

脳の化学変化は雨のあと、地面に溜まったり流れていく水のようなものだ。しばらくすると、溜まった水は新しい流れを作り、地形を完全に変えてしまう。長い期間になるとこうした変化がとんでもなく大きくなることもある。ちょうどコロラド川が岩を削ってできたグランドキャニオンのように。ロンドンのタクシードライバーや点字を学んだ人々のように、構造の変化により脳の異なる部位が共同で働くようにもなる。

3　機能を変える

脳の構造が変化したあと、それが長期的に定着するのは脳の機能が変わった時だ。何かを学んでいる時、脳のネットワーク全体が変化し、新しい行動はどんどん簡単になり、やがて意識しなくてもできるようになる。そして君は脳の機能が変化したことを知る。

いい例がピアノの演奏者だ。ピアノを弾くには両手を別々に動かす必要がある。鍵盤は八八あり、一度に一〇個の音を出せる。他の楽器よりもかなり複雑だ。ピアノを習う時、人々はまず右利き、左利きという問題を乗り越えなくてはならない。弱い方の手も利き手と同じように動かせる器用さが身についていく。もっとびっくりなのは、ピアニスト独自の脳機能を発達させる、彼らの脳の鍛え方だ。

研究者たちは演奏中のピアニストの脳をスキャンし、巧みな運動を司る部分の血流が普通の人よりも少ないことを発見した[6]。つまり彼らの脳は、集中のために多くのエネルギーを必要としないということだ。生まれながらにそうだったわけじゃない。長年の練習の結果、脳が発達したんだ。

ベテランのジャズピアニストの脳を調べた研究もある。即効演奏をしている時の彼らの脳は、ピアノを弾かない人々とは異なる前頭葉の神経接続を持っていることがわかった。前頭葉は問題解決や決断、自発性などを司る。つまりピアニストは自動運転で型通りの反応をする部位をオフにして前頭葉を使うことができるということだ。おかげで彼らは誰かの真似ではなく、自分独特の演奏ができる。[7]

脳の機能を変えると行動は自動的になる。職場から家までの運転や、部屋を出る時に電気を消すことなどがそうだ。ピアノ練習二日目に弾き方を忘れた曲もいずれは無意識に弾きこなせるだろう。でもそこには落とし穴がある。

自分の行動の四七パーセントが習慣だとしたら、半分近くが反復的（無意識）だということだ。毎日の行動の半分が昨日と同じだとしたら脳は変化するだろうか？　脳は常にホメオスタシス（恒常性）の状態に戻ろうとする。だが脳を変えるには行動を変え、それを何度も繰り返す必要がある。新しい学習は新しい神経経路を作る。カギは継続だ。毎日集中して続けよう。

◆ネガティブ思考を追い払おう

神経可塑性は思考を変える助けにもなる。いわゆるポジティブ思考には科学の裏づけがある。ポジティブ思考は脳内の自己プロセシングと報酬の部位を活性化するからだ。[8]

ポジティブ思考と楽観主義はストレスを軽減し、コルチゾールも抑制する。[9] ポジティブな態度は心臓系の健康も増進し、全般的な健康リスクを下げる。[10] カギはどうやってポジティブを習慣化するかだ。

かつて悲観主義者だった僕は、ネガティブなレンズで世界を見ることに慣れている人が思考を変えるのが、どんなに骨が折れるかわかっているつもりだ。最初に浮かぶ思考を変えるのは無理かもしれないが、その次の思考はコントロールできる。ネガティブ思考が最初に浮かんだ時、次の思考をポジティブにしてネガティブなパターンを打ち壊す習慣を作れば、ポジティブの神経経路を強めることができる。これには少し練習がいる。変化を起こすための三つのシンプルな方法を挙げておこう。

1　感謝を習慣にする練習をしよう。これを朝や夜のルーティーンに組み込もう。

2　ポジティブなアファメーション（自己肯定）を作ろう。その時、三つのことに気をつけよう。アファメーションは真実で、現在形で、パワーをもたらしてくれるものでなければならない。「宇宙のあらゆるところから、僕にお金が流れ込んでくる」と言う代わりに、「僕には望む人生を実現する力がある」と言おう。アファメーションを付箋に書いて自宅のいろいろな場所に貼り付けたり、スマホの待ち受け画面にしてもいい。毎朝シャワーの中でそれを唱えてもいいし、習慣化するのがどうしても難しいなら、リマインダーのついたアラームを使おう。

3　環境について忘れてはいけない。君を取り囲む状況を、ポジティブ思考を引きつけるものにしよう。君が付き合う人々、SNSでフォローする人々、よく触れるコンテンツなどにも気をつけよう。ネガティブな友人たちと殺人ミステリーの映画を見たりすると、ポジティブでいるのは難しくなる。

アファメーションを続けていると最初に現れるネガティブ思考は弱くなり、次の思考をポジティブにするのも楽になる。何度も繰り返そう。するとポジティブ思考が自然と身につき、ついには努力がいらなくなる。もちろんこれが心の健康の万能薬というわけじゃないが、ポジティブ思考がポジティブ脳を作ることは間違いない。

思考を変えるにせよ行動を変えるにせよ、意図的な練習が必要だ。ずっとやってきたギターソロを弾いていてはダメなんだ。腰を据えて、コンフォートゾーンの外にある難しいフレーズに挑戦するんだ。上達するには変化を主導し、意識的な努力をしなくてはならない。変化は偶然には起こらない。君はもう子供じゃない。たくさんのことを見てきたし、経験してきた。君の脳にはすでにいろいろなやり方が定着している。君は脳を書き換えることを本気で望まなくてはならない。

ブリティッシュコロンビア大学の脳科学者、ララ・ボイドは「この講演であなたの脳は変わる」というタイトルのＴＥＤ（価値のある意見を持った人に講演してもらいオンラインで配信する組織）の講演でこの点を強調している。彼女は言う。「脳の変化を引き起こす最大の要因は行動だ。神経細胞を変える薬なんて存在しない。何かを学ぶ際、練習以上に効果的なものはない。要はひたすらやるということだ[11]」。

繰り返そう。学びにおいて練習、繰り返しほど効果的なものはない。ひたすらやるんだ。それは簡単ではないけれど。

◆苦労を抱きしめよう

学ぶやり方は一人一人違う。学校でうまくやる子供もいれば、そうでもない子もいる。楽器を習得するのが早い子供、運動神経のいい子供もいる。君が簡単にできることで、僕には難しいこともたくさんあるだろう。自分に合う学び方は自分で見つけなければならないが、一つ大事なのは「失敗すること」だ。苦労なしに学びはない。それが脳を変える方法だ。

困難に直面してイラつくのはいいことだ。それは脳を変化させるために不可欠の二つの化学物質、アセチルコリンとエピネフリンが放出されているサインだからだ。アセチルコリンは脳が集中するのを助けるスポットライトのようなものだ。君が危機的状況に陥るとこれらの物質が放出される。また、何かを学習する時にも出る。神経可塑性が起こる時、脳はよく似たプロセスをたどる。どちらの場合も不快な状況を経験する。

多くの人はイライラし、自分の行動は無駄なんじゃないかと考えて投げ出してしまう。彼らは脳が変わろうとする一歩手前に差しかかっていることに気づかない。だが悪戦苦闘するほど脳の変化も大きくなる。だから頑張ってほしい。

こんなマントラを唱えよう。「困難でなければ変われない」。今後、イライラやフラストレーションについての見方を変えよう。落ち込むのではなく勇気を持とう。君の脳は変わろうとしているんだ。ひたすら行動を続けよう。

スポーツジムに行ってマシンの運動を二つほどこなし、楽なことばかりしていたらどうなるだろう？　あるいは同じ運動ばかり繰り返していたら？　何度ジムに行こうが体型は変わらないだろう。自分に負荷をかけていないからだ。筋肉をつけたければ、脂肪を落としたければ、かっこいい体型になりたければ、重いものを持ち上げどんどん負荷を上げていかなければダメだ。脳と体は状況に適応するようにできているんだ。

体については、この事実を理解している人は多い。でも脳にも同じ理屈が当てはまることを知る人は少ない。脳は今までのパターンが大好きなので、それを書き換えようとすれば必ず抵抗してくる。

ここは頑張って自分の限界を押し広げていくしかない。繰り返すけれど、困難でない物事は君を変えない。コンフォートゾーンから出て新しいことを始めると、自分はあまり大したことない、と気づく。はっきり言うとひどい出来だろう。

僕はギターを弾き始めて一五年になる。いくつかの曲は寝ていても弾ける。でも新しい曲を練習し始めると、初めてギターを手にした時のようにヘタクソになる。本当にひどい。ミスが続くとフラストレーションを感じ、簡単な曲に戻りたくなる。ミスをするのがいいことだなんて長いこと知らなかった！　これが変化のための第一の方程式だが、脳を変えるために欠かせないことは他にもある。

◆睡眠――本当の変化が起きる時

試験勉強だろうと、ピアノ曲の習得だろうと、あるいは原始時代、友人がワニに食われるのを目撃することだろうと、それを経験している瞬間に脳が変化するわけではない。それが起こっている時は、エピネフリンとアセチルコリンが変化すべき神経細胞に印をつけるだけだ。本当の変化は僕たちが寝ている時に起こる。脳が神経細胞とシナプスを再構築するのは睡眠中で、これが変化の最終段階だ。

エクササイズのたとえ話を思い出そう。脳の変化と体の変化はとても似ている。筋肉を鍛えパフォーマンスを上げるエクササイズのあと、回復がどんなに大事か見てみよう。

どんなにタフで意思が強く、体力があっても、栄養物を使い果たしてしまったら頑張れない。ワークアウトは筋肉を破壊し、その後栄養と睡眠をとることでさらに強くなる。脳も同じだ。何かを学んでいる最中に変化は起きない。それが起こるのは寝ている時だ。

海馬は学習と記憶を貯蔵する部位だ。それは昼間にしたこと、学んだことを保存し、寝ている間に再放送して脳を書き換える。これを記憶の固定化と言い、日中の複雑な課題を解決するのを助ける。睡眠が大切とされる理由の一つだ[12]。

睡眠は経験したことを海馬が保存するのを助けるが、似たようなことはポモドーロテクニックの時の五分間の休憩でも起こる。この現象を海馬リプレイといい、睡眠ほどの効果はないが、（一定期間ポモドーロを繰り返すことと相まって）学んだことを脳に保存し、神経可塑性を加速させ、脳の変化を定着させる[13]。なので、学習や集中を必要とする作業の合間の休息の時、スマホに触れてはいけない。回復効果を大きく損なってしまうからだ。

◆才能と技能、どっちが大事？

傑出した音楽家やスポーツ選手が偉大なのは、他の人よりも才能があるからじゃない。練習によって脳の働き方を変え、スキルを向上させたことが素晴らしいんだ。ミュージシャンは長い練習期間に脳と体の結びつきを強める。音を聴き取る彼らの耳は最高に洗練される。もちろん人並みを超える才能を持つ人々もいる。彼らにとって演奏することは普通の人より容易い。でも、真に成功して偉大なミュージシャンになるには才能だけでは足りない。高い技能を身につける必要がある。そしてそのためには長く厳しい練習期間が不可欠だ。

僕の大好きなことわざに、「才能が努力を惜しむ時、努力は才能に打ち勝つ」というのがある。こういう例はプロの選手によく見られる。高校や大学を出てすぐプロ入りし、リーグに旋風を巻き起こすことを期待された天才はごまんといる。

ジャマーカス・ラッセルとライアン・リーフは人々にもてはやされ、数百万ドルの契約を結んだクオーターバックだったが、二人ともその才能を発揮できずフェードアウトしてしまった。二人のケースは今ではNFL史上最大の失敗として知られている。対照的なのがドラフトの六巡目に一九九位で指名されたトム・ブレイディだ。彼の前に六人のクオーターバックが指名されていた。つまり、誰からも期待されていなかったわけだ。しかし彼はNFL史上最多のコンプリート（パスを成功させること）を記録し、最多パスヤード記録、NFL史上最高のスーパーボウル勝利記録も打ち立てた。

しかしなぜ、見過ごされていた選手がスーパースターになる一方で、才能を発揮できない天才がいるのだろう？

スポーツに関してはいろんな要素が絡んでいるが、それでも才能と努力による技能の違いはかなり大きな要因だろう。才能は生まれつきのものだ。それはものすごい強みだし、ポジティブ思考や人生に対する大きな期待のようなもので、多くを達成させてくれる。でも自分の可能性をフルに発揮し目的を達成したかったら、技能が必要だ。そして技能を身につけるには練習、ハードワーク、行動が欠かせない。才能は豊かなのに技能を身につけられない選手がごまんといる一方で、弱小カレッジ出身のまったく無名な選手がスターになることもある。大学を卒業したばかりのトム・ブレイディはほとんど知られていなかった。彼はそれほど才能に溢れた選手じゃなかった。だが彼は「才能が努力を惜しむ時、努力は才能に打ち勝つ」ことを証明した。

人間であることが素晴らしいのは、努力と時間を惜しまなければどんな技能でも身につけられることだ。十分な努力をすれば自分自身を鍛え上げることができ、なりたい人にはたいていなれる。すごいことだと思わないか？

総合格闘技チャンピオンのコナー・マクレガーは言った。

「才能なんて関係ない。ただひたすら、取り憑かれたようなハードワークだ。才能は存在しない。人間はみんなイコールだ。時間さえかければ何人にもなれる。トップに行ける。そういうことだ。俺にはそれほどの才能はないが、取り憑かれてるんだよ」

極端に言えば、努力で技を磨いた人を天才と呼ぶのは、彼の長年のハードワークを否定することだ。

こういう変化は行動、特に長い時間をかけた計画的な練習によって起こる。脳は最初、化学的に変化し、しばらくの練習のあと、中期的には構造が変化する。そして長期的にはそれが機能として定着し、習慣となる。だから一晩でピアノがうまくなることはない。でも神経可塑性のおかげで時間をかければ何でも習得でき、それを反射的な行動にでき、自動的に行なえるようになる。

……この章のポイント……………………………………

◎脳の素晴らしい点は、繰り返しの行動によって変化させるのが可能なことだ。
◎困難がなければ変われない。
◎才能が努力を惜しむ時、努力は才能に打ち勝つ。

【ノートに書き出してみよう】

・今まで君が経験した、脳に構造的な変化を起こすような行動は何か？　これには意図的な行動（学校に行く、趣味を追求するなど）と、意図しないこと（トラウマになるような経験や抜けられない悪習慣など）の二つがある。

・自分の目標の中から一つを選ぼう。それを実現するために、脳に構造的な変化を起こすにはどんな練習をするべきか？

・その目標を実現するために、時間をかけてどんなスキルを伸ばす必要があるだろうか？

・それを実現するためにどんなプロセスを踏むべきか？

＊https://robdial.com/levelup/ も参照してみよう。

第12章
ドーパミンの報酬システム――自分を行動させる裏技

◆最高の選手はなぜ強いか

コービー・ブライアントはオールスターゲームに一八回選出され、ＮＢＡチャンピオンシップを五回制している。彼はかなり若い頃から史上最高の選手になることを目標にしていた。だが、彼が一番欲したのは勝つことではなかった、と多くの人が主張している。

ブライアントはベストになるためには可能な限り練習し、自分を鍛えなければならないことを知っていた。彼は毎朝四時に起き、九時か一〇時に起きる普通の選手よりもはるかに長時間練習した。ライバルたちが寝ている時間にハードなトレーニングをするのは喜びだった。誰も彼ほどの努力をしていないという事実は、彼にとって大きな誇りだった。

こうしたマイクロアクションを毎日、毎週、毎年続けていれば、ライバルが同じ量の練習をするのは不可能で、誰も自分に追いつけない、ということを彼は知っていた。チャンピオンシップで勝利したあとも、ブライアントは翌日からジムに戻った。彼は最高の選手になるまでの道のりを何よりも愛していたのだ。彼のトレーナーだったティム・グローバーは、コービーと働く上で一番大変だったのは、トレーニングをやめさせることだったと語っている。

アラバマ大学のフットボールコーチ、ニック・セイバンは、チームを一三年連続でシーズン中トップに立たせたことで知られる名コーチだ。彼のコーチングメソッドの一つは、選手にシーズン終わりの優勝戦を意識させないこと、代わりにゲーム中の一つ一つの動作に集中させることだった。選手が持てる力をすべて発揮し、一つ一つのプレイで能力を出しきれば、目指す場所に到達できる。ブライアントもセイバンも意識してはいなかっただろうが、彼らはドーパミンによる報酬システムを練習に組み込んでいたのだ。それによってブライアントもセイバンの選手たちも、厳しい練習を愛するようになっていた。

◆「過程」を大切にしよう

僕は今まで、目標を達成しなければ喜びも報酬もない、という態度を貫いている人々と話してきた。彼らはゴールラインを越えるまでは何も祝おうとしない。これはよくあることだ。でも長い期間努力を継続したいならその反対をやるべきだ。自分を容赦なく追い込んで目的を達成するというのも可能かもしれない。しかし長いこと無報酬が続くと、どんなにすごいやつであろうと最終的には息切れしてしまう。また、無報酬の状態だと壁にぶち当たった時にすごく弱くなる。自分を追い込むタイプは燃え尽きやすいんだ。

こういうことわざを聞いたことがあるだろう。「目的地ではなく旅の過程が大事なのだ」、「散歩を愛する人は、目的地を愛する人よりも遠くまで行ける」。言い古された言葉だが、繰り返されるだけの理由がある。これらが真実だからだ。君が「旅すること」を愛すれば、いつか結果にたどりつく。これは、結果だけに集中する結果主体のやり方ではなく、その過程を重視し、行動を大切にしながら目標を追求する行動ベースの方法だ。

目標を手に入れる秘訣は、それを達成した時に祝おうと考えるのではなく、目標追求の途中で自分にほうびを与える機会を作り、達成までの行動も祝福することだ。マイクロアクションは長い期間積み重なって大きく実を結ぶが、行動ベースの目標追求は、追求のプロセスを喜びに変え、前に進むモチベーションを生み出し、達成するまで何もしないよりもさらに遠くに到達できる。

重要なのは、行動ベースの目標ならば途中の道のりも愛でることができるということだ。自分を鞭打って脳を変化させる必要はない。自然にそれを望むようになる。君はドーパミンに感謝したくなるだろう。

◆すべてはドーパミン

人々はドーパミンとセロトニンを一緒にし、気分をよくしてくれる化学物質と考えている。だがこれはあまり正確じゃない。セロトニンは穏やかで平和な気分を生み出し、感謝の念を呼び起こす、心の内面に働きかける物質だ。一方、ドーパミンは外の世界に働きかけ、モチベーション、渇望感、さらなる欲求などを掻き立てる。また警戒心を引き起こし、報酬とも大きく関係する。

怠惰でやる気が出ないのはドーパミンのレベルが低い状態だ。エキサイトしてやる気満々の時、ドーパミンのレベルは高い。ドーパミンは君を目標に近づけてくれる。それはまた、人間という種を存続・繁栄させてきた物質でもある。狩猟や採集に関連する基本物質の一つだからだ。狩りに出て、自分の部族全員が分かち合えるような大きい獲物を追いかけているとしよう。期待感は脳にドーパミンを放出させる。獲物を見つけると再び出る。獲物を仕留めた時も出る。それを持ち帰り、部族の仲間から賞賛されるとまたドーパミンが出る。

僕らはもう食糧を求めて狩りに出る必要はない。でも興奮したり喜んだりするとドーパミンが出る。ドーパミンは僕らを外の世界に駆り立て、前進させ、より多くを求めるモチベーションをくれる。

スポーツの試合で、終盤に奇跡の大逆転をするケースを考えてみよう。どちらの側の選手たちも同じだけのエネルギーを使ったはずだが、試合後によりエネルギッシュなのはどっちだろう？　勝ったチームの選手は一晩中徹夜で祝うだろう。負けた方は？　そんなエネルギーはない。疲れきって意気消沈している。勝利がもたらすドーパミンの上昇がなかったからだ。

継続的に行動し、それを習慣にすることがこんなにも難しいのは、ドーパミン放出のペースを長い期間維持するのが難しいからだ。負けた時にドーパミンのレベルが下がるのは自然なことだ。そうなるように学習してきたのだから。そこにはポジティブな報酬はない。君が何か新しいことに挑戦してストレスとフラストレーションを感じている時にドーパミンが放出されないのは当然なんだ。幸福、モチベーション、意欲は、自分の外の要因で決まる。だから成功は難しいんだ。人はドーパミンの報酬なしでは日々の単調さに押し潰されてしまうからだ。どんなに意思の力を振り絞っても無駄だ。これは多くの人が成功を目前にして投げ出してしまう理由でもある。だが君もそうする必要はない。エピネフリンは僕たちの背中を押す最初のエネルギーだが、ドーパミンはその後も補充される燃料だ。

気づいていようといまいと、僕らは皆ドーパミン依存症だ。ドーパミンはさまざまなきっかけで放出される。テレビを見てもドーパミンは出るし、ＳＮＳをスクロールしても出る。クリック一つでアマゾンで買い物をし、翌日家に荷物が届いても出る。こうしたことでドーパミン中毒になっていると、目標のための行動ができなくなる。しかし適切に使えばそれはとんでもなく有効だ。摩擦に遭遇した時、ドーパミンはモチベーションを高めてそれを追い払うのを助けてくれる。しかしドーパミンが何より素晴らしいのは、それを放出するタイミングを自分でコントロールできることだ。

僕のポッドキャストでインタビューしたアンドリュー・ヒューバーマンは、ドーパミン放出のきっかけは人それぞれであることを強調していた。人間は賢い動物だ。僕らが食物連鎖の頂点に立ったのは、ドーパミンをコントロールする方法を身につけたからだ。私が欲しいもの、得るとうれしいものは、君が欲しいものとは違う。つまり二種類のドーパミン放出の方法があるわけだ。そこには限界もある。エクササイズは大好きだと自分に言い聞かせても、本当は嫌いならドーパミンは出ない。でも、たとえ嫌いでもそれを行なった時に自分にほうびをあげればドーパミンを出すことができる。君は明日もエクササイズをするだろう。

◆ドーパミンによる報酬とは何か？

ほめられて喜びを感じるとドーパミンが放出される。それは脳に信号を送り、その行動は喜びによって報われ、再び行動を起こす動機になる。普通は自然に起こることだが、仕組みがわかるとこの反応を使ってドーパミンを利用できる。

BJ・フォッグの「祝う」行動、ABCのプロセス（第10章参照）は、「うまくいってるぞ！」、「頑張れ！」、「前はやりたくなかったことを今はやっている。自分を誇りに思うよ」と自分に語りかけるというものだ。たったこれだけでいい。この小さな祝福が君の脳にドーパミンを送り込み、気分はよくなり、達成感にひたれ、モチベーションも上がる。これがドーパミンの報酬だ。大事なのは本気で祝い、達成感を味わうことだ。ただその振りをしたり、うわべだけでやっても効果がない。

言葉というものはとてもパワフルだ。特定の言葉を言うと（あるいは考えるだけでも）、なんらかの感情が浮かんでくる。進歩したことをポジティブに祝うと気分がよくなる。自分を卑下する言葉を使うと悪くなる。自分を卑下することは、やる気をくじき、目的から遠ざかる早道だ。自分に語りかける物語と、その時に使う言葉がとても重要なのはこのせいだ。自分を叱咤するために卑下するのは、もしそれで気分が悪くなるなら逆効果だし、そのために行動が起こせなくなる。

人間は嫌いなものには抵抗し、好きなものには突き動かされる。脳内のスイッチを入れ、必要なドーパミンを出し、前進するモチベーションを生むには、自分を持ち上げて気分を上げるだけでいい。どんな言葉を使うかには細心の注意を払おう。

◆ドーパミン報酬システム

僕がセールスの仕事をしていた頃、一日一〇〇本電話をしたものだ。この仕事をした人ならそれがまさに拷問なのを知っているだろう。僕の指導役はそれをほんのちょっと楽にする方法を教えてくれた。

電話に向かう時、キャンディを一袋用意する（僕の大好物だ）。そして一〇本電話をかけたら三つのキャンディを食べていいことにする。三つだけだ。一〇本電話したらほうびが得られ、なんとか続けられる。一〇〇本電話したあとは、袋を全部たいらげてもいい。ポイントは行動に報いてやることだ。その時は気づかなかったが、僕はドーパミン報酬システムを作っていたんだ。

映画『E.T.』の中で、少年がリーズのキャンディを撒いてE.T.をおびき寄せるシーンがあるが、ドーパミンの報酬システムは、君が自分のために撒くキャンディーだ。それは君の目標を達成させ、成功に導く。これは単なるメタファー（暗喩）じゃない。チョコレートは実際にドーパミンレベルを上げる。エクササイズのあとでチョコレートを一口食べると翌日も続ける意欲が湧く。抵抗を感じる人もいるかもしれないが、君の体と脳はドーパミンを欲しているんだ。僕は今でもそうしている。

でも、キャンディを使わない祝い方も発見した。ポッドキャストの録音が終わった時、それが役立ちそうな人々のことを思い浮かべ、自分に語りかける。「おお、やったぜ！　素晴らしい回だった。よくやった！」そしてそれを真に実感する。このプチ祝福によって僕はやりきった気分になる。大事なのは、これによってドーパミンが放出されることだ。そしてこの行動は、目的ではなくその過程に重きを置いているため、次のポッドキャストを録音する意欲も湧いてくる。僕は、一つ一つのポッドキャストを終わらせることだけに集中しており、トップ１００のポッドキャスターになることや数百万のダウンロードを記録することは考えていない。

ほとんどのポッドキャスターはエピソード七回でやめてしまうのに、僕が過去七年間で一三〇〇以上のポッドキャストを録音できた理由の一つはこれだ。最大のポッドキャスターになることは目的じゃない。目的は一つ一つのエピソードにベストを尽くすことだ。それぞれのエピソードが誰かの人生にポジティブな影響を与えるのを知っているからだ。

自分を祝福するのはドーパミン報酬システムを作るためにはとても重要だが、同時に君の気分をよくしてくれる。僕たちはネガティブに目を向け過ぎ、いつも自分を責めている。だが本当は、悪いことは無視してよいことを称賛する習慣を身につけるべきだ。難しいことをやってのけ、進歩した時に自分を祝福する習慣を持つんだ。

ネイビーシールズ（海軍特殊部隊）の元隊員であり、持久力系スポーツのエリート選手であるデヴィッド・ゴギンズは、長距離を走る時、「メンタルクッキーの瓶」と呼ばれるテクニックを利用する。自分に対して疑いの心が芽生え、走り切れるか途中で挫折するか心配になったら、心の中のメンタルクッキーの瓶に手を伸ばす。そこには今までの彼の業績が詰まっている。今まで成し遂げたことを思い出し、自分の偉大さを自己確認する。これが彼のドーパミン報酬システムで、走り続けるためのモチベーションを生み出している。

◆笑い

やはり元ネイビーシールズのリッチ・ディヴィニーをインタビューした時、彼は、人間を限界まで追い込むような基礎水中爆破訓練（BUD／S）の「ヘル・ウィーク（地獄週間）」を受けた経験を話してくれた。脱落しなかったのは、いつもジョークで笑い合っていた隊員だったという。彼らは知らなかったようだが、笑うことはアドレナリンを抑えドーパミンを放出するため、ギブアップして体が動かなくなることはない。

長距離を走ったり長時間エクササイズをしたいなら自分を笑わせよう。笑うふりではダメだ。心からの笑いでなくてはならない。それは脳からドーパミンを出し、アドレナリンとコルチゾールを抑制して物事をやり通す力になる。ひどく惨めな気分の時、誰かがジョークを飛ばし、それが完全にムードを変えていい一日になった時を思い出そう。笑うことはエネルギーをもたらし、現状がそれほど悪くないと感じさせてくれる。

笑いの治療的効果は長年研究されている。[1] それは達成感とともにやってくる素晴らしい気分だ。この次ストレスを感じたり伸び悩んだら、五分休憩して好きなコメディアンのビデオを見よう。笑いはアドレナリンを抑えるドーパミン報酬システムを作り、君は前進できる。

ドーパミンを増やす自然な方法は他にもたくさんある。エクササイズもその一つで、ドーパミンレベルを二倍にする。前に見たとおり、安全な温度で冷水浴（コールドプランジ）をするとドーパミンは二・五倍になる。ドーパミンはその後、最大三時間、体内に残る。[2]

◆行動ベースの目標の力

僕らは皆、ワクワクするような長期目標を持っている。出世し、自分に誇りを持ちたい。でもこの長期目標の達成がいかに大変かを考えるとやる気は萎んでしまう。すると行動を起こすのがいっそう難しくなる。

長期目標はもちろん必要だが、一つのコツは、今日すべき行動だけに集中し、その達成だけを考えることだ。行動ベースの目標についての僕の考え方を紹介しよう。

僕はもう一五年以上ジムでのエクササイズを習慣にしている。僕の目標は脂肪を燃やし、筋肉をつけ、「ジムの野獣」になることだった。これらはみんな結果ベースの目標だ。そして体調が最高だった時も、いつもエクササイズを楽しんでいるわけじゃなかった。何より定めた目標がなかなか達成できなかった。そこで最近戦略を変え、「毎日体を動かす」というシンプルな行動ベースの目標を設定した。これにはジムに行くことはもちろん、ヨガ、ジョギング、家でのエクササイズも含まれる。そして、行動ベースの目標を果たしたあとは必ず自分を祝福した。気乗りがしなかった時は特に。一カ月が過ぎ、前よりいっそうエクササイズをしていることに気づいた。一度動いてしまうと続ける意欲が湧いてくるからだ。数カ月後、僕の体調は今までの人生で最高になっていた。そしてそれは結果を考えずに達成されたんだ。僕がやったのは、毎日体を動かすのと、それをした自分を祝福することだけだ。

行動を起こすためのちょっとした決め事がドーパミンの放出を活発にする。覚えておこう、行動はモチベーションを引き出す。特にポジティブな結果を経験するとそれは加速する。モチベーションが起こるのを待っていてはいけない。

君が新しいフィットネス目標を決め、自分に鞭打ってジムでエクササイズをするとしよう。初めは難しいかもしれない。それでも努力し、結果が見えてくるとドーパミンが放出され報酬となる。報酬はモチベーションを生み、再びジムに行きたくなる。継続することでモチベーションをキープできるんだ。
これは、「要の習慣」が効果的な理由でもある。ジム通いの結果が出始めるともっと多くの結果を出したくなるからだ。週三回だったジムワークが五回になるかもしれない。フィットネス目標に合わせ、栄養摂取と睡眠にももっと気を使うかもしれない。やがて君はそのプロセスに夢中になる。さらに勢いがつくわけだ。一度動き出したら続けるのは簡単になる。ドーパミンが君のモチベーションを上げてくれ、勢いをキープできる。行動ベースの目標は本当に効果的だ。

とりあえず最終結果のことは心配しないでおこう。君が欲しいもの、すべき行動、必要なプロセスだけを考え、行動にリンクするドーパミン報酬システムを作り上げよう。そうすれば君は達成への道のりを愛せるようになる。

最終結果ではなくそこまでの過程—プロセスを愛することが重要なんだ。それは目標への長い道のりの間、常に君の背中を押し続けてくれるからだ。

そして、正しい行動を続けていればこれらの目標は達成される。よい行動ベースの目標を設定する秘訣は「今日」に集中し、自分の行動を、理想とするタイプの人間のそれにマッチしたものにすることだ。以下にまとめよう。

・セールス成績を上げることではなく、電話をかけるという行動ベースの目標に報酬を設定する。
・体重を減らすことではなく、エクササイズをするという行動ベースの目標に報酬を設定する。
・本を読み終えることではなく、五ページ読むという行動ベースの目標に報酬を設定する。

・鏡の中の自分の姿にではなく、健康的な食事をするという行動ベースの目標に報酬を設定する。
・優勝することではなく、一時間練習するという行動ベースの目標に報酬を設定する。
・一曲まるまる演奏するのではなく、難しいパートを練習する行動ベースの目標に報酬を設定する。

行動ベースの目標の達成にドーパミンによる報酬を組み合わせるとものすごいパワーが発揮され、新しい習慣ができあがるまで君は毎日それを続けるだろう。もっとすごいのは、そうすることで君が運転席に座れることだ。自分の気持ちをコントロールできるようになる。だが気持ちよくなり過ぎてもいけない。君の脳は賢く、すぐ順応してしまう。脳はすぐにパターンを認識する。それが一定の時間にドーパミンを予期したり期待するようになったら、ドーパミンのインパクトは弱くなる。すると継続するのが少し難しくなる。前ほどエキサイトしなくなっていくからだ。この場合は報酬システムを変えたり、また時には報酬を与えないことも必要になる。

ドーパミンは驚くほどパワフルだが、すべての行動にそれを使う必要はない。要は今まで説明したステップをうまく組み合わせることだ。

なぜ行動を起こさないかを理解し、自分に腰を上げさせる裏技を駆使し、科学の知識を利用し、困難を乗り越えて目的地にたどり着くための推進力、強力なジェット燃料を生み出し続けよう。

この章のポイント

◎目標を手に入れる秘訣は、それを達成した時に祝おうと考えるのではなく、達成までの行動も祝福することだ。

【ノートに書き出してみよう】

・自分自身を貫いて正しい行動をしたことをどのように祝福する？

・君を最終的な目標に運んでくれる、行動ベースの目標のリストを書き出そう。

・それらの一つ一つにどんな報酬システムを当てるか？

・一日を通してドーパミンレベルを上げる自然な方法を書き出してみよう。

＊ https://robdial.com/levelup/ も参照してみよう。

エピローグ

僕が自己啓発というゲームに関わってからもう一五年以上になるけれど、一つわかったことがある。誰もが自己を探求すべきなのに、ほとんどの人はそのことを知らない。人々に問題がある、と言っているわけじゃない。

自己啓発を、古い、打ち捨てられた家の探検にたとえると一番わかりやすい。君は何十年も誰も足を踏み入れなかった、ほこりの積もった屋根裏部屋に入っていく。部屋の隅にはすすけた鏡がある。鏡の中に自分の姿がうっすらと見える。君は鏡を綺麗にしようとするが、表面を拭うとほこりやちりが舞い上がり、君の顔めがけて飛んでくる。でも自分の姿をはっきり映すためにはちりを取り除かねばならない。

自分を磨くこともこれと同じだ。これが自己啓発というものだ。僕らは心の奥底の鏡をきれいにする必要がある。そこに映るのは真の自分だ。だが僕らは社会が、お前はこうあるべきだ、こうするべきだと指示する自分像を中心に、習慣や自分に埋め込まれたプログラム、システムを構築してきた。こうしたものは、僕らが真の可能性を引き出す邪魔をする。それらは僕らが拭おうとしている鏡の汚れだ。そして誰もがこういう状態にある。ただ気づいていないだけだ。

君は今、鏡を綺麗にしようとしている。ここまで本書を読み進めた君は、汚れが落ち始めていることに気づいているだろう。鏡の汚れは真の君じゃない。自分を批判したり責めたりする理由はないんだ。今すべきことに集中すると、汚れの向こうに本当の君の姿が見えてくる。この本を読み、課題をやり、それでもこれからすべきことに圧倒され押し潰されそうならば、ちょっと時間をとって今までを振り返り、本を読み始めた時からどのくらい自分が進歩したかを見てみよう。君は何を学んだ？どんなふうに成長した？　自分自身と目指している目標が、どのくらい明確になった？　以前ならやらなかっただろう行動をどのくらいこなした？　勝利の記憶に集中し、脳がネガティブなことをくよくよ考えるのを許さないようにしよう。

自己啓発に取り組む人々によく見られる問題は、いつかこの旅が終わる、鏡が綺麗になると考えてしまうことだ。だが、僕が自分の旅から学んだことは、自己啓発には終わりがないということだ。よくこんな声を聞く。「早くトラウマを解決してこれ以上頑張らなくてすむようになればいいんだけど」。でもこれは間違ってる。自己啓発は常に進行形だ。この旅を楽しむんだ。

前にも言ったけれど、君が瓶の中にいる間はラベルは見えない。目的は、数歩離れて君の人生に何が起きているかを見られるようになること、君に埋め込まれたプログラムを認識し、その原因を見つけ、自分の欠点と進歩の遅さを受け入れることだ。

以前の僕は、自分を取り巻く状況に簡単に腹を立て、いつまでも動揺していた。一週間怒り続け、やがて怒りの原因を忘れ、それでも怒っていた。自己研鑽を始めてからは、怒りは五日間、やがて三日間しか続かなくなった。今ではたいてい一日で収まる。もちろん腹は立てる。これは今の僕の課題だ。でも僕はすぐにその原因を突き止め、心を鎮め、すぐに次の行動に移れる。過去の感情トリガー（大きな感情が誘発されるような記憶）が一〇年、二〇年、三〇年して湧き上がった時、少し冷静になって、瓶の外に出てそれを見定めよう。対処の方法を学び、次はもっとうまくやろう。

君は、何の重荷も欠点もなく、他者から攻撃もされず、怒ることもネガティブな感情を持つこともないような場所には決してたどり着けないだろう。竜巻の中で完全な穏やかさを保てる境地にも到達できない。それが人生だ。そしてそれは美しい。人生をコントロールしようとすることをやめ、旅を楽しもう。

僕は、自己啓発は一生の旅だと思っている。君には常に成長の余地がある。皮肉に思えるかもしれないが、この旅に終わりはない、という事実にひるんだり圧倒される必要はない。それはむしろ僕らを自由にしてくれるものだ。僕らは人生の旅を完走しなければならないという思い込みを解放し、旅の道のりを楽しめる。問題を解決し進歩すると誇りを持てる。君は来た道を振り返り、いかに長い道を歩んできたかを実感できる。そして五年後、一〇年後、君は同じように振り返り、現在からその時まで、いかに自分が進歩したかを誇りに思う日が来るだろう。

この本を終えるに当たって、君がレベルアップする上で大事な、集中して行動する手順の六つのステップを紹介しよう。目標が何だろうと、コンフォートゾーンから出て恐れと向き合い、ここまで学んできたことすべてを次の儀式に入れ込もう。それらは君の行動を促し、脳を変え、それを定着させるだろう。六つのステップは以下の通りだ。

1　集中する
2　行動する
3　継続する
4　休憩する
5　自分にごほうびをやる
6　ステップを繰り返す

このプロセスの素晴らしいところは、さまざまな課題に利用できることだ。本を書いている人にも使えるし、プレゼンの準備や勉強、事務書類の作成にも役立つ。ギターの練習を例にとって、一つ一つの手順を見ていこう。

1　集中する

コンピュータに向かって勉強やプレゼンテーションの準備をする時のように、ゾーン（集中状態）に入ろう。まず、最適なコンディションにいること、つまり集中の邪魔をするものがないことを確認しよう。スマホを遠ざけ、誰にも邪魔されない場所で作業をしよう。

準備ができたら目の焦点を合わせる対象を決め、二分ほど見つめよう。距離は作業をする対象と同じくらいにする。まばたきをしないように努めよう。周辺視野は見ず、視野を狭めることによってゾーンに入ろう。視野を集中させると心も集中する。抵抗感が起こった時は音階を弾いて指慣らしをしながらギターの指板を見つめてもいい。

2　行動する

二五分間のタイマーをセットし（スマホを使ってはいけない）、練習に集中しよう。この間は練習だけにフォーカスする。まるまる一曲に挑戦してはいけない。まずは小さく、数小節から始めよう。始めのいくつかの音符を完全にマスターするまで繰り返し練習しよう。それができたら次の部分に移る。最初の練習でうまくできなくても構わない。できるまで練習し続けよう。

3　継続する

ウォーミングアップが終わるまで数分かかることを理解しておこう。準備ができてもフラストレーションを経験するだろう。何度も失敗するからだ。脳は君に、すでにマスターしている曲を弾くよう必死に説得してくる。それならなんなく弾けるからだ。だが耳を貸してはいけない。この衝動はつまり、脳を変えるために必要なエピネフリンとアセチルコリンが放出されている証拠だ。エピネフリンは集中力を高め、アセチルコリンはこの段階において変えられるべき神経細胞に印をつける。ミスをするたび、さらに集中力を呼び起こそう。脳は失敗なしには学ばない。失敗を繰り返した方が、最初のトライでうまく弾けるよりも曲を習得するのが早くなる（曲をものにしたらもう一度演奏して確かめよう）。脳は失敗からしか学べないことを覚えておこう。気が散ったり心がさまよい出したら心を練習に引き戻し、タイマーが鳴るまで続けよう。

4　休憩する

最初の休息は、二五分の練習のあとの五分間の休憩だ。この時スマホを手に取ったり、何か刺激的な動作をしてはいけない。可能なら外に出て景色を眺めよう。それが無理なら目を閉じて心を自由にさまよわせよう。休息の間、脳は再調整される。この間に本当の学びが起きるんだ。夜寝ている間、学びはさらに加速する。しっかりした睡眠をとるよう心がけよう。

5　自分にごほうびをやる

自分を祝ってやることも忘れてはいけない。新しいことに挑戦するにはフラストレーションがつきものだ。進歩もあまり感じられない。だが君は今まで出なかったコンフォートゾーンの外に行って何かに挑戦しているんだ。これだけでも立派な功績だ。大げさに祝う必要はない。ドーパミンによる報酬の仕組みを作ろう。二五分のインターバルが終わったらちょっとした褒め言葉を声に出して言う、チョコレートをひとかけら食べるなどで、脳が作業を継続するパワーは保たれる。ドーパミン放出のきっかけは人それぞれだ。ある人のきっかけは他の人とはまったく違う。自分に合うきっかけを見つけよう。少しでも進歩したら大げさに喜ぼう。たとえちょっとの進歩に思えてもそれは大きな変化だ。そして行動を続ける原動力になるんだ。

6　ステップを繰り返す

五分間の休憩のあとは次の練習に入り、このプロセスを四回繰り返す。終わった時、君は新しい曲をまるまるやったことになり、大きく進歩しているだろう。素晴らしい。ただ、翌日ギターを手に取った時、すべてを憶えていなくてもがっかりしないでほしい。君の脳は、まだ化学的な変化しか起こしていない。脳を構造的に変化させるには繰り返しが必要だ。それによって動きを長期記憶に定着させられる。近道はない。でも、繰り返しの練習のあと、必ず目的地にたどり着けるだろう。十分に練習すれば、やがて自動運転状態で演奏できるようになる。その時君は、脳の機能が変わったことに気づく。続けることがカギだ。

＊＊＊

集中力は心の筋肉だということを忘れないでほしい。そしてそれは、このプロセスによって徐々に強めることができる。この六ステップの手順は、さまざまなスキルを身につけ定着させる助けになるのはもちろん、集中力も高める。手順そのものも上達し、より効率的に利用できる。コツは、頑張って少し長く集中してみることだ。二五分間の練習を最大四五分まで引き伸ばしてみる。すると集中力をつかさどる部分の可塑性が増強され、進歩を実感できるだろう。

僕のクライアントでこれを経験した人は多い。初めは集中が難しかったが、根気よく一カ月も続けると、誰もが信じられないような集中力を身につける。秘密の一端はこの手順だ。それはまた、目的達成に必要な活動を優先的に行なうことを助けてくれる。君は毎日それらをもれなく片づけていける。一度神経可塑性の使い方とドーパミンの報酬を理解し、習慣と手順を定着させてしまえば、目標を実現するためのツールはすべて揃ったことになり、次のレベルに進化できる。
君の邪魔をするものは、君以外に何もない。君は自分の人生のＣＥＯであり、運命をコントロールする存在だ。さあ、羽ばたき、最高の人生を生きよう！

……この章のポイント……

◎君は自分の人生のＣＥＯであり、運命をコントロールするのは君だ。
さあ、羽ばたき、最高の人生を生きよう！

1 集中する

ゾーンに入る。

2 行動する

すべきことに25分間
集中する。

3 継続する

浮かんでくる
さまざまな衝動と戦う。

4 休憩する

5分間の休息をとる。

5 自分にごほうびをやる

自分を祝ってやる。

6 ステップを繰り返す

もう一度行なう。何度も何度も。

注

第1章　恐れ——それは何一つ現実ではない

（1）E. J. Gibson and R. D. Walk, "The Visual Cliff," *Scientific American* 202, no. 4 (1960): 64–71.

（2）I. M. Knudson and J. R. Melcher, "Elevated Acoustic Startle Responses in Humans: Relationship to Reduced Loudness Discomfort Level, but Not Self-Report of Hyperacusis," *Journal of the Association for Research Otolaryngology* 17, no. 3 (2016): 223–35, doi: 10.1007/s10162-016-0555-y.

（3）Karl Albrecht, "The (Only) 5 Fears We All Share," *Psychology Today*, March 22, 2012, https://www.psychologytoday.com/us/blog/brainsnacks/201203/the-only-5-fears-we-all-share.

（4）Don Joseph Goewey, "85 Percent of What We Worry About Never Happens," *HuffPost*, last updated December 6, 2017, https://www.huffpost.com/entry/85-of-what-we-worry-about_b_8028368.

（5）Bart Massi, Christopher H. Donahue, and Daeyeol Lee, "Volatility Facilitates Value Updating in the Prefrontal Cortex," *Neuron* 99, no. 3 (2018): 598–608, https://doi.org/10.1016/j.neuron.2018.06.033.

第2章　アイデンティティ——君は自分で考えているような人間ではない

（1）"What Is Personality?," OpenEd CUNY, accessed April 10, 2023, https://opened.cuny.edu/courseware/lesson/66/student/.

（2）Maxwell Maltz, quoted on https://www.whatshouldireadnext.com/quotes/maxwell-maltz-a-human-being-always-acts.

（3）Emma Young, "Lifting the Lid on the Unconscious," NewScientist, July 25, 2018, https://www.newscientist.com/article/mg23931880-400-lifting-the-lid-on-the-unconscious/.

（4）"Kelley and Conner's Emotional Cycle of Change," *Mind Tools*, accessed April 10, 2023, https://www.

mindtools.com/apjsz96/kelley-and-conners-emotional-cycle-of-change.
（5） "Why Do Lottery Winners Go Broke?," Money Marshmallow, January 2, 2023, https://moneymarshmallow.com/why-do-lottery-winners-go-broke/.
（6） A. Hatzigeorgiadis, N. Zourbanos, E. Galanis, and Y. Theodorakis, "Self-Talk and Sports Performance: A Meta-Analysis,"*Perspectives on Psychological Science* 6, no. 4 (2011): 348–56, https://doi.org/10.1177/1745691611413136.

第3章　目的——君が欲しいものは？

（1） Gail Matthews, "Goals Research Summary," https://www.dominican.edu/sites/default/files/2020-02/gailmatthews-harvard-goals-researchsummary.pdf.

第4章　視覚化——行動への架け橋

（1） "Understanding Unconscious Bias," *Short Wave*, July 15, 2020, https://www.npr.org/transcripts/891140598.
（2） T. Blankert and M. R. Hamstra, "Imagining Success: Multiple Achievement Goals and the Effectiveness of Imagery," *Basic and Applied Social Psychology* 39, no. 1 (2017): 60–67, doi: 10.1080/01973533.2016.1255947.

第6章　集中を乱すもの——何が行動を邪魔するのか？

（1） Kirsten Weir, "Nurtured by Nature," *Monitor on Psychology* 51, no. 3(April 1, 2020): 50, https://www.apa.org/monitor/2020/04/nurtured-nature.
（2） T. D. Wilson, D. A. Reinhard, E. C. Westgate, D. T. Gilbert, N. Ellerbeck, C. Hahn, C. L. Brown, and A. Shaked, "Just Think: The Challenges of the Disengaged Mind," *Science* 345, no. 6192 (2014): 75–77, doi: 10.1126/science.1250830.
（3） Ron Marshall, "How Many Ads Do You See in One Day?," Red Crow Marketing Inc., September 10, 2015, https://www.redcrowmarketing.com/2015/09/10/many-ads-see-one-day/.
（4） Trevor Wheelwright, "2022 Cell Phone Usage Statistics: How Obsessed Are We?," Reviews.org, January 24,

2022, https://www.reviews.org/mobile/cell-phone-addiction/.
（5） P. Lorenz-Spreen, B. M. Mønsted, P. Hövel, and S. Lehmann, "Accelerating Dynamics of Collective Attention," *Nature Communications* 10, no. 1759 (2019), https://doi.org/10.1038/s41467-019-09311-w; Sandee LaMotte,"Your Attention Span Is Shrinking, Studies Say. Here's How to Stay Focused," CNN Health, January 12, 2023, https://www.cnn.com/2023/01/11/health/short-attention-span-wellness/index.html; Kevin McSpadden, "You Now Have a Shorter Attention Span than a Goldfish,"*TIME*, May 14, 2015, https://time.com/3858309/attention-spans-goldfish/.
（6） William Parker, "During Quarantine: How Much Netflix Did We Watch? Data + Content Streaming Stats," HotDog.com, last updated August 25, 2022, https://hotdog.com/tv/stream/netflix/during-quarantine/.
（7） Matt Gonzales, "How Long Does Alcohol Stay in Your System (Blood, Urine and Saliva)?," DrugRehab.com, April 20, 2020, https://www.drugrehab.com/addiction/alcohol/how-long-does-alcohol-stay-in-your-system/.

第7章　あせらず一歩ずつ——すべてをやり遂げる方法

（1） Conor J. Wild, Emily S. Nichols, Michael E. Battista, Bobby Stojanoski, and Adrian M. Owen, "Dissociable Effects of Self-Reported Daily Sleep Duration on High-Level Cognitive Abilities," *Sleep* 41, no. 12 (2018), https://doi.org/10.1093/sleep/zsy182.
（2） Mariana G. Figueiro, Bryan Steverson, Judith Heerwagen, Kevin Kampschroer, Claudia M. Hunter, Kassandra Gonzales, Barbara Plitnick, and Mark S. Rea, "The Impact of Daytime Light Exposures on Sleep and Mood in Office Workers," *Sleep Health* 3, no. 3 (2017): 204–15.
（3） See, for instance, K. Choi, C. Shin, T. Kim, H. J. Chung, and H.-J. Suk, "Awakening Effects of Blue-Enriched Morning Light Exposure on University Students' Physiological and Subjective Responses," *Scientific Reports* 9, no. 345 (2019), https://doi.org/10.1038/s41598-018-36791-5; and A. U. Viola, L. M. James, L. J. M. Schlangen, and D.-J. Dijk,"Blue-Enriched White Light in the Workplace Improves Self-Reported Alertness, Performance and Sleep Quality," *Scandinavian Journal of Work, Environment & Health* 34, no. 4 (2008): 297–306.

(4) K. R. Westerterp, "Diet Induced Thermogenesis," *Nutrition & Metabolism* 1, no. 5 (2004), https://doi.org/10.1186/1743-7075-1-5.
(5) Jip Gudden, Alejandro Arias Vasquez, and Mirjam Bloemendaal, "The Effects of Intermittent Fasting on Brain and Cognitive Function," *Nutrients* 13, no. 9 (September 2021): 3166, https://pmc.ncbi.nlm.nih.gov/articles/PMC8470960/.
(6) For instance, see Molly Hodges, "The Effects of Dehydration on Cognitive Functioning, Mood, and Physical Performance," *Corinthian* 13, no. 2 (2012), https://kb.gcsu.edu/thecorinthian/vol13/iss1/2.
(7) Jennifer B. Dowd, Nalini Ranjit, D. Phuong Do, Elizabeth A. Young, James S. House, and George Kaplan, "Education and Levels of Salivary Cortisol over the Day in US Adults," *Annals of Behavioral Medicine* 41, no. 1 (February 2011): 13–20, doi: 10.1007/s12160-010-9224-2.
(8) A. Gawron-Gzella, J. Chanaj-Kaczmarek, and J. Cielecka-Piontek, "Yerba Mate: A Long but Current History," *Nutrients* 13, no. 11 (2021): 3706, doi: 10.3390/nu13113706; A. Gambero and M. L. Ribeiro, "The Positive Effects of Yerba Maté (Ilex paraguariensis) in Obesity," *Nutrients* 7, no. 2 (2015): 730–50, doi: 10.3390/nu7020730.

第8章　集中力——生産性の秘密

(1) "Attention," *New World Encyclopedia*, accessed April 10, 2023, https://www.newworldencyclopedia.org/entry/Attention.
(2) L. Zylowska, D. L. Ackerman, M. H. Yang, J. L. Futrell, N. L. Horton, T. S. Hale, C. Pataki, and S. L. Smalley, "Mindfulness Meditation Training in Adults and Adolescents with ADHD: A Feasibility Study," *Journal of Attention Disorders* 11, no. 6 (2008): 737–46, https://doi.org/10.1177/1087054707308502.
(3) Melanie Curtin, "In an Eight-Hour Day, the Average Worker Is Productive for This Many Hours," *Inc.*, July 21, 2016, https://www.inc.com/melanie-curtin/in-an-8-hour-day-the-average-worker-is-productive-for-this-many-hours.html.
(4) Bret Stetka, "Our Brain Uses a Not-So-Instant-Replay to Make Decisions," *Scientific American*, June 27,

2019, https://www.scientificamerican.com/article/our-brain-uses-a-not-so-instant-replay-to-make-decisions/.
(5) Sophie Leroy, "Why Is It So Hard to Do My Work? The Challenge of Attention Residue When Switching Between Work Tasks," *Organizational Behavior and Human Decision Processes* 109, no. 2 (2009): 168–81, https://doi.org/10.1016/j.obhdp.2009.04.002; Kevin P. Madore and Anthony D. Wagner, "Multicosts of Multitasking," Cerebrum, April 1, 2019, https://www.ncbi.nlm.nih.gov/pmc/articles/PMC7075496/.
(6) Paul Atchley, "You Can't Multitask, So Stop Trying," *Harvard Business Review*, December 21, 2010, https://hbr.org/2010/12/you-cant-multi-task-so-stop-tr.
(7) Cal Newport, *Deep Work: Rules for Focused Success in a Distracted World* (New York: Grand Central, 2016). カル・ニューポート『大事なことに集中する――気が散るものだらけの世界で生産性を最大化する科学的方法』門田美鈴訳、二〇一六年、ダイヤモンド社
(8) "Episode 57: Optimizing Workspace for Productivity, Focus, & Creativity,"*Huberman Lab*, January 31, 2022, https://podcastnotes.org/huberman-lab/episode-57-optimizing-workspace-for-productivity-focus-creativity-huberman-lab/.
(9) "Episode 57: Optimizing Workspace for Productivity, Focus, & Creativity,"*Huberman Lab*.
(10) "Blue Light May Fight Fatigue Around the Clock," ScienceDaily, February 3, 2014, https://www.sciencedaily.com/releases/2014/02/140203191841.htm.
(11) R. Hardeland, "Melatonin, Hormone of Darkness and More: Occurrence, Control Mechanisms, Actions and Bioactive Metabolites," *Cellular and Molecular Life Sciences* 65, no. 13 (2008): 2001–18, doi: 10.1007/s00018-008-8001-x.
(12) S. Basu and B. Banerjee, "Potential of Binaural Beats Intervention for Improving Memory and Attention: Insights from Meta-Analysis and Systematic Review," *Psychological Research*, July 16, 2022, online ahead of print, doi: 10.1007/s00426-022-01706-7.
(13) Nicole Baum and Jasleen Chaddha, "The Impact of Auditory White Noise on Cognitive Performance," *Journal of Science and Medicine* 3, special issue, (2021): 1–15, https://doi.org/10.37714/josam.vI0.82.

(14) Jessica Stillman, "How Exercise Makes You Smarter, Happier, and Less Stressed," *Inc.*, February 17, 2016, https://www.inc.com/jessica-stillman/how-to-use-exercise-to-optimize-your-brain.html.
(15) T. M. Altenburg, M. J. Chinapaw, and A. S. Singh, "Effects of One Versus Two Bouts of Moderate Intensity Physical Activity on Selective Attention During a School Morning in Dutch Primary Schoolchildren: A Randomized Controlled Trial," *Journal of Science and Medicine in Sport* 19, no. 10 (2016): 820–24, doi: 10.1016/j.jsams.2015.12.003.
(16) A. Mooventhan and L. Nivethitha, "Scientific Evidence-Based Effects of Hydrotherapy on Various Systems of the Body," *North American Journal of Medicine and Science* 6, no. 5 (2014): 199–209, doi: 10.4103/1947-2714.132935.

第9章　続ける——日々のやる気を保つマイクロアクション

(1) Jeff Haden, "Want to Improve Your Performance? Science Says Harness the Power of Rituals," *Inc.*, September 21, 2021, https://www.inc.com/jeff-haden/how-to-improve-performance-productivity-results-rituals-routines-processes-rafael-nadal.html.
(2) Darren Hardy, *The Compound Effect: Jumpstart Your Income, Your Life, Your Success* (New York: Vanguard, 2012), 42. ダレン・ハーディ『複利効果の生活習慣——健康・収入・地位から、自由を得る』住友進訳、二〇二〇年、パンローリング

第10章　習慣——努力なしに行動する方法

(1) Steve Bradt, "Wandering Mind Not a Happy Mind," *Harvard Gazette*, November 11, 2010, https://news.harvard.edu/gazette/story/2010/11/wandering-mind-not-a-happy-mind/.
(2) "How Your Brain Makes and Uses Energy," Queensland Brain Institute, University of Queensland, https://qbi.uq.edu.au/brain/discovery-science/how-your-brain-makes-and-uses-energy.
(3) "What Is Emotional Eating?," Cleveland Clinic, November 12, 2021, https://health.clevelandclinic.org/

emotional-eating/.
（4） Scott Frothingham, "How Long Does It Take for a New Behavior to Become Automatic?," Healthline, October 24, 2019, https://www.healthline.com/health/how-long-does-it-take-to-form-a-habit.

第11章　脳の可塑性――サイエンスで脳を変化させる

（1） Ferris Jabr, "Cache Cab: Taxi Drivers' Brains Grow to Navigate London's Streets," *Scientific American*, December 8, 2011, https://www.scientificamerican.com/article/london-taxi-memory/.
（2） Nathan Collins, "Pathways: From the Eye to the Brain," *Stanford Medicine Magazine*, August 21, 2017, https://stanmed.stanford.edu/carla-shatz-vision-brain/.
（3） L. M. Shin, S. L. Rauch, and R. K. Pitman, "Amygdala, Medial Prefrontal Cortex, and Hippocampal Function in PTSD," *Annals of the New York Academy of Sciences* 1071 (2006): 67–79, doi: 10.1196/annals.1364.007.
（4） K. Susuki, "Myelin: A Specialized Membrane for Cell Communication,"*Nature Education* 3, no. 9 (2010): 59.
（5） Sandra Ackerman, "From Chemistry to Circuitry," in *Discovering the Brain* (Washington, DC: National Academies Press, 1992).
（6） I. G. Meister, T. Krings, H. Foltys, B. Boroojerdi, M. Müller, R. Töpper, and A. Thron, "Playing Piano in the Mind: An fMRI Study on Music Imagery and Performance in Pianists," *Cognitive Brain Research* 19, no. 3 (2004): 219–28, https://doi.org/10.1016/j.cogbrainres.2003.12.005.
（7） Ian Sample, "Scientists Shed Light on Creativity by Studying Pianists'Brain Activity," *The Guardian*, November 12, 2013, https://www.theguardian.com/science/2013/nov/12/scientists-creativity-pianists-brain-activity.
（8） Christopher N. Cascio, Matthew Brook O'Donnell, Francis J. Tinney, Matthew D. Lieberman, Shelley E. Taylor, Victor J. Strecher, and Emily B. Falk, "Self-Affirmation Activates Brain Systems Associated with Self-Related Processing and Reward and is Reinforced by Future Orientation,"*Social Cognitive and Affective Neuroscience* 11, no. 4 (April 2016): 621–29, doi: 10.1093/scan/nsv136.

(9) J. David Creswell, William T. Welch, Shelley E. Taylor, David K. Sherman, Tara L. Gruenewald, and Traci Mann, "Affirmation of Personal Values Buffers Neuroendocrine and Psychological Stress Responses," *Psychological Science* 16, no. 11 (November 2005): 846–51.
(10) Alan Rozanski, Chirag Bavishi, Laura D. Kubzansky, and Randy Cohen, "Association of Optimism with Cardiovascular Events and All-Cause Mortality: A Systematic Review and Meta-Analysis,"*JAMA Network Open* 2, no. 9 (September 27, 2019): e1912200, doi: 10.1001/jamanetworkopen.2019.12200.
(11) . S. Pangambam, "Transcript: After Watching This, Your Brain Will Not Be the Same by Lara Boyd," Singju Post, June 24, 2016, https://singjupost.com/transcript-after-watching-this-your-brain-will-not-be-the-same-by-lara-boyd/?singlepage=1.
(12) S. Diekelmann, I. Wilhelm, and J. Born, "The Whats and Whens of Sleep-Dependent Memory Consolidation," *Sleep Medicine Reviews* 13, no. 5 (2009): 309–21.
(13) H. Freyja Ólafsdòttir, Daniel Bush, and Caswell Barry, "The Role of Hippocampal Replay in Memory and Planning," *Current Biology* 28, no. 1 (2018): R37–R50, https://doi.org/10.1016/j.cub.2017.10.073.

第12章　ドーパミンの報酬システム——自分を行動させる裏技

(1) For instance, J. Yim, "Therapeutic Benefits of Laughter in Mental Health: A Theoretical Review," *Tohoku Journal of Experimental Medicine* 239, no. 3(2016): 243–49.
(2) "Episode 39: Controlling Your Dopamine for Motivation, Focus & Satisfaction," *Huberman Lab*, September 29, 2021, https://podcastnotes.org/huberman-lab/episode-39-controlling-your-dopamine-for-motivation-focus-satisfaction-huberman-lab/.

訳者あとがき

岩下慶一

冒頭から私事で恐縮だが、本書のような自己啓発系の翻訳の仕事をいただいた時、僕は作業をしながら紹介されているテクニックをやってみることにしている。おかげで身についた有益な習慣がいくつかある。瞑想、くよくよ考えるのをやめる思考法、過去のトラウマを軽減するテクニックなどだ。これらは大いに役立ち、今では僕の日常の一部になっている。

本書『LEVEL UP【レベル・アップ】』でももちろん内容を実践した。紹介されているテクニックが多いためすべてを試すことはできなかったが、大半はやってみた。中でも効果があったのは「ポモドーロテクニック」(p.150)、「人生のヘッドライト」(p.98)、「アイデンティティを変えてみる」(p.38)だ。これらはびっくりするほど効果的だった。「ポモドーロテクニック」や「人生のヘッドライト」は、ちょっと時間があるとYouTubeを見てしまう僕が、効率的に仕事をするのを大いに助けてくれた。おかげで締め切りは守れたし、翻訳の質もあがった(と思う。いかがでしょうか、編集担当の大山さん?)。というわけで、その効果は僕が保証する。

本書の著者、ロブ・ダイアル(Rob Dial)は米国で大人気のライフコーチで、能力を高めるためのテクニックを解説したポッドキャスト「The Mindset Mentor」を配信している。学者や専門家には真似できない柔軟さで多様な分野を自由に横断し、さまざまなメソッドのエッセンスを取り入れている点がロブの強みだ。また、飾り気のない軽妙な語り口も多くのファンを惹きつけた理由だろう(そのへんを意識して翻訳したつもりだが、ロブの気さくな人柄がうまく伝わっているとうれしい)。

僕は自分でもびっくりするほどこの本に勇気づけられた。何かやらねばという気分になった。僕のようなオヤジでさえそうなのだから、若い人なら尚更励まされると思う。でも一つ注意。どんな本にも言えることだが、一度読んでその気になってもしばらくすると興奮は醒めてしまうものだ。そこで読者に提案したい。読み終わったらしばらく時間を置き、もう一度、読み直してみよう。気に入ったフレーズをマーカーで強調したり、ノートに書き留めておくのもいい。本書を常に持ち歩こう(無くした時のためにもう一冊買っておくのもいい考えだ笑)。

ちなみに僕が自分のノートに書き出したのは次の言葉だ。

「完全主義は怖れを覆い隠すための仮面なんだ」(p.185)

「大事なのは「失敗すること」だ」(p.216)

「困難でない物事は君を変えない」(p.218)

おかげで失敗しても以前ほど悔やむことがなくなり、一歩踏み出す時の抵抗感も減少した。もっと若い頃にこうした知恵に触れていればと悔やむこともしきりだが、今からでも肝に銘じようと思っている。「行動を起こさなかった君は、そのツケを支払う羽目になる」(p.31) のだから。

本書が、読者がIKIGAIを見つけてレベルアップする一助になれば訳者としてうれしい限りだ。

最後に、拙訳を辛抱強く見直し、誤りを正し、読みやすい文章にしてくださった筑摩書房の大山悦子さんにこの場を借りて深く御礼申し上げます。

そんなの無理《むり》だと思《おも》っている人《ひと》の

LEVEL UP【レベル・アップ】

神経科学《しんけいかがく》・行動心理学《こうどうしんりがく》から脳《のう》の癖《くせ》を知《し》り
「やれる自分《じぶん》」に生《う》まれ変《か》わる指南書《しなんしよ》

2025年2月27日　初版第1刷発行

著　　者　ロブ・ダイアル
訳　　者　岩下慶一（いわした・けいいち）
発 行 者　増田健史
発 行 所　株式会社筑摩書房
東京都台東区蔵前2-5-3　〒111-8755
電話番号　03-5687-2601（代表）
イラスト　株式会社ウエイド　関和之
装　　幀　株式会社ウエイド　三浦佑子
印刷・製本　中央精版印刷株式会社

ISBN 978-4-480-84332-6　C0030